本报告受安徽省质量品牌促进会“安徽省旅游目的地品牌资源调查项目”与北方工业大学“毓杰人才培养计划项目（项目号：107051360021XN083/006）”联合资助完成

安徽旅游目的地品牌资源与品牌价值

2021—2022

周　云　刘心德　李晓婉　蔡华利　主编

企业管理出版社
ENTERPRISE MANAGEMENT PUBLISHING HOUSE

图书在版编目（CIP）数据

安徽旅游目的地品牌资源与品牌价值 . 2021—2022 / 周云等主编 . -- 北京：企业管理出版社，2023.5

ISBN 978-7-5164-2816-0

Ⅰ. ①安… Ⅱ. ①周… Ⅲ. ①旅游地—品牌—研究报告—安徽— 2021—2022 Ⅳ. ① F592.754

中国国家版本馆 CIP 数据核字（2023）第 008625 号

书　　名：安徽旅游目的地品牌资源与品牌价值（2021—2022）
书　　号：ISBN 978-7-5164-2816-0
作　　者：周　云　刘心德　李晓婉　蔡华利
选题策划：周灵均
责任编辑：张　羿　周灵均
出版发行：企业管理出版社
经　　销：新华书店
地　　址：北京市海淀区紫竹院南路 17 号　　邮编：100048
网　　址：http://www.emph.cn　　电子信箱：26814134@qq.com
电　　话：编辑部　（010）68456991　　发行部（010）68701816
印　　刷：北京虎彩文化传播有限公司
版　　次：2023 年 5 月第 1 版
印　　次：2023 年 5 月第 1 次印刷
开　　本：710mm × 1000mm　　1/16
印　　张：17.5
字　　数：220 千字
定　　价：85.00 元

安徽旅游目的地品牌资源与品牌价值
（2021—2022）
课题组

总顾问 祝合良

主　编 周　云　刘心德　李晓婉　蔡华利

副主编 龚孝燕　赵静斌　王　皓　姜瑞雪

参　编 欧阳睿　吴方朝　刘文娟　宋　钰
廉世彬　谢朝阳　张一凡　孟宪宏
刘雅婷　韩　晴　方钰滢　卫星凯
王夏露　钟迎燕　陈天鹤　张　达
马亚东　王　磊　吴　敏　韩施雨
韩　啸　余　洁　白凌子　张之烁

前　言

《安徽旅游目的地品牌资源与品牌价值（2021—2022）》是首次使用国家标准《品牌评价 旅游目的地》（GB/T 39869—2021）对安徽全省的旅游目的地进行的一次品牌资源调查与价值评价。该项目由安徽省质量品牌促进会立项，由北方工业大学与安徽省质量品牌促进会合作完成。该项目是对安徽省旅游目的地品牌资源进行的一次全面、系统的普查。选用品牌定量分析理论作为本报告的研究方法，对共计 65 个安徽旅游目的地品牌进行大规模样本调研，获取有效问卷 29168 份。

调研的 65 个品牌分布在安徽省所有地市。报告按照国内调研品牌和安徽省内调研品牌两大分类，依影响力由大至小的次序进行深入分析。

本报告可分为三大部分内容，各部分内容以及它们之间的逻辑关系如下。

第一部分，包括第一章、第二章的全部内容，详细介绍报告的立项背景、使用的方法体系、数据采集的过程及参数。这部分是本研究报告的基础部分，是报告所持的学术立场、所选用的方法、评估框架和思路的总介绍，以及此次研究所要达到的目的及研究程度、研究成果的总介绍。

此外，本部分还详细介绍了数据来源的细节，从调研对象的选择开始，到调研问卷设计、样本点选择、调研活动的实施以及最后的调研总结，全过程的阐述保证了数据来源的可靠性，以及问卷质量及样本的有效性。

第二部分，包括第三章至第十一章的全部内容，从所调研的65个旅游目的地品牌中选出62个典型品牌，基于国标评价与测算体系对调研对象的数据进行系统分析。首先对调研数据进行初步整理统计，然后依据理论体系进行分析。此部分是本报告结论的数据基础部分。

第三部分，包括第十二章的内容，通过对数据的深入挖掘，对安徽旅游目的地品牌价值与安徽旅游资源品牌价值做出测算与分析，进而对安徽省旅游目的地的品牌资源与品牌价值做出总体评价。此部分是该项目的研究结论。

本报告利用填呗App在线调研平台，与合作单位紧密协作、共同完成，覆盖全国2.5万余名注册用户。

本报告对安徽旅游目的地品牌资源与价值的整体状况进行排序、描述及分析，具有代表性，可以用于企业的品牌决策分析以及相关管理部门的参考依据。

从立项至完成历时10个月，报告中难免有疏漏，欢迎广大读者指正并联系我们。让我们共同研究，一起进步。

感谢悉心阅读并指正。

《安徽旅游目的地品牌资源与品牌价值（2021—2022）》

课题组

2022年8月

目　录

第一章

总　论

第一节 概述

一、立项背景

2021—2022年，国内的关键词是“疫情”和“数字化”，新冠疫情影响着安徽旅游业的发展，数字化更是深刻地改变着每一个行业。为应对来自国内外疫情的影响以及由数字经济的发展带来的新产业、新技术等的冲击，安徽省旅游企业需要做出必要的改变，更新商业运营模式，利用先进的经营工具探索出符合自身发展的运营模式以融入新兴业态的发展洪流，这就需要对全省旅游目的地的品牌价值做全面的科学的评价。国家标准《品牌评价 旅游目的地》(GB/T 39869—2021)（安徽省质量品牌促进会主导研制）的正式发布、实施为国内旅游目的地品牌的评测、诊断提供了整套方法。基于此，为推动安徽旅游目的地的品牌发展，依据该标准组织实施“安徽旅游目的地品牌资源与品牌价值（2021—2022)”项目，以达到贯标与科学评测安徽省旅游目的地品牌的目标。

二、研究意义

自新冠疫情开始，安徽省旅游企业就遭遇到严峻的考验。与此同时，数字化方兴未艾，深刻地改变着旅游业态。在此背景下，对安徽省旅游目的地品牌的整体状况展开研究十分迫切，“安徽旅游目的地品牌资源与品牌价值（2021—2022)”项目的研究活动也就显得十分必要。

《安徽旅游目的地品牌资源与品牌价值（2021—2022)》是这一项目的结题报告部分，对于安徽省的旅游企业来说是重要的经营参考资料，具有非常重要的现实意义；同时本报告是首次应用国家标准《品牌评价旅游目的地》（GB/T 39869—2021），对于全国旅游目的地品牌的评测有着积极的理论探索意义。

《安徽旅游目的地品牌资源与品牌价值（2021—2022)》通过对62个代表性较强的旅游目的地在国内市场发展状况的研究，形成对安徽旅游目的地品牌整体发展状况的具体认知。

本研究对国内市场中安徽省旅游目的地品牌价值、品牌现状、品牌前景以及旅游行业整体的品牌状况进行详细分析与定量解读，研究结果将为安徽省旅游企业未来发展道路的探索以及旅游目的地品牌发展路径的探寻提供一定的参考依据。

三、安徽省旅游目的地品牌名称及归属地区

本次62个安徽省旅游目的地品牌价值测算对象经由安徽省质量品牌促进会遴选产生，旅游目的地名称及所属地区名单如下。

安庆地区旅游目的地：天柱山、五千年文博园、巨石山、大别山彩虹瀑布、迎江寺、菱湖风景区、浮山。

芜湖旅游目的地：芜湖方特、马仁奇峰森林旅游区、赭山风景区。

滁州旅游目的地：韭山洞、皇甫山国家森林公园、明皇陵、凤阳狼巷迷谷景区、小岗村乡村旅游区、白鹭岛风景区、琅琊山风景名胜区。

六安旅游目的地：天堂寨、佛子岭、响洪甸水库、悠然蓝溪旅游景区、大别山石窟、悠然南山度假区、六安茶谷。

池州旅游目的地：九华山、莲峰云海、牯牛降、池州杏花村、九华天池、齐山平天湖景区、九华秋浦胜境风景区、九子岩景区、地藏王圣像景区。

黄山旅游目的地：黄山旅游景区、木坑竹海、芙蓉谷、徽州古城、新安江山水画廊、歙县雄村、屯溪老街、西递、宏村、齐云山、棠樾牌坊群。

宿州旅游目的地：皇藏峪国家森林公园、萧县黄河故道湿地省级自然保护区、梨树王景区。

宣城旅游目的地：恩龙山庄、徽杭古道、龙川风景名胜区、青龙湾生态度假区、太极洞、云岭新四军军部旧址纪念馆。

安徽其他地区旅游目的地：三河古镇、李鸿章府、采石矶风景名胜区、焦岗湖旅游景区、寿县古城暨八公山风景区、龙子湖风景区、浮山国家森林公园、八里河风景区、亳州花戏楼。

本报告选择的都是当地具有代表性、知名度较高的旅游目的地，资料丰富，且均有系统、权威的数据支撑。

第二节 关键概念

一、旅游目的地

按照国家标准的定义，旅游目的地是指能够吸引一定规模数量的旅游者，具有较大空间范围和较齐全接待设施的旅游地域综合体。

需要说明的是，该定义中的旅游目的地泛指以旅游目的地命名的地区，也包括具体的景点以及旅游企业的大型游乐场所等。本报告计算品牌价值所依据的国家标准《品牌评价 旅游目的地》（GB/T 39869—2021）的方法，仅限于以旅游目的地命名的地区，其他类型并不适合。

二、旅游收入

旅游收入特指游客在旅游过程中的一切旅游支出，包括门票、交通、餐饮、住宿、旅游纪念品等。在旅游过程中，游客发生的一切与旅游有关的支出，等于旅游目的地获得的收入所得。

若从游客支出的角度计算是直接法计算，统计难度比较大，实务中一般用间接法计算，即用一个地区的所有收入减去与旅游完全无关的收入。间接法的数据相对容易获得，本书对以旅游目的地命名的地区的品牌价值计算就属于间接法。

在官方统计中，游客分为海外游客和国内游客两大类，因此旅游收入也包括国际旅游（外汇）收入和国内旅游收入两大类。本书采用间接法计算，不涉及国内外游客的分类，因此收入也不做这一分类。

三、旅游目的地品牌

旅游目的地品牌的确切定义是：以旅游目的地经营为主的经营主体，在经营中形成的具有声誉特征的无形资产，称为旅游目的地品牌。

首先，旅游目的地品牌具有一般商品品牌的共同属性，对于旅游目的地而言，游客就是旅游目的地的消费者，依然适用国家标准《品牌评价 消费者感知测量指南》（GB/T 39071—2020）的评价指标，依然使用旅游目的地品牌的知名度、认知度、美誉度和忠诚度作为描述旅游目的地品牌的主要指标。本书对每一个品牌的分析都是基于这四个指标展开的。

其次，旅游目的地品牌还有自身的行业特点，它是实体资产，是旅游景点的人文或自然资源，不减值甚至没有使用期限，这与企业资产需要折旧、需要使用期不同，决定了它的品牌资产与企业品牌不完全一样，品牌价值的计算也不尽相同。除了部分以地名命名的旅游目的地（如黄山）之外，大部分景点类的旅游目的地品牌资产是通过量价法计算，受行业参数影响比较大，加之近两年旅游行业受疫情影响很大，可能会出现与正常年份差距较大的现象。

四、数据来源的说明

调研问卷的设计是严格参照国家标准《品牌评价 消费者感知测量指南》（GB/T 39071—2020）和《品牌评价 旅游目的地》（GB/T 39869—2021）的问卷模板进行设计，并反复试调，最终确认能够准确反映旅游目的地品牌信息的设计。

第二章

本报告的理论基础

本报告调查研究的理论基础是两个国家标准：其一是国家标准《品牌评价 旅游目的地》（GB/T 39869—2021），其二是国家标准《品牌评价 消费者感知测量指南》（GB/T 39071—2020）。课题组根据旅游目的地的特点设计出一套完整的品牌质量评估标准体系，其中既包括各个品牌的知名度、认知度、美誉度、忠诚度等基础指标，也包括品牌影响力、成长性和发展质量等多重评价指标，是一套前沿的品牌定量分析理论和诊断技术。

该指标体系的基本思想为量价法原理，从品牌的本质属性开始，确定品牌的度量单位，然后逐一对品牌质量指标进行量化设计，并将所有指标转换为品牌量的度量。具体分析中，对任一品牌进行度量时均依据这一基本思路，并在此指标体系指导下对任一品牌进行各个指标的度量，然后依据上述方法将确定的指标转换为品牌量，最终形成品牌的质量值。该体系使用 11 个参系数，确定 4 项基础指标，每个指标均是可以量化且易于得到的，可操作性极强。

本报告在实践中主要运用于两个方面：其一，应用于品牌管理工作。因为它是对品牌质量的精确度量，其中的量化指标以及对品牌量的度量会随时反映品牌管理工作中的某个措施或政策的效果，因而能够依据这一指标体系校正品牌管理工作和决策。其二，作为品牌交易价格的参考依据应用在品牌交易过程中。尽管决定价格的主要是供需关系，但价格不会完全背离价值，该体系的依据，即《品牌评价 消费者感知测量指南》（GB/T 39071—2020）和《基于品牌质量指标体系的品牌评价标准》的品牌质量评估体系，是对品牌量的精确度量方法，加之行业平均价格之后就可以转化为品牌资产的评估，所度量的结果就是品牌价值，成为决定价格的依据之一。

此外，品牌质量评估体系的每个指标在品牌的度量中均有确切的位置和换算方式，从最终得出的品牌质量数据中可以很容易地分析出一个品牌存在的优势和出现的问题，通过对品牌的深入了解还可以找到这些问题形成的原因。

需要注意的是，该体系的指标只适用于一般意义上的品牌，不涉及形象、文化、传统等因素。只要是泛指的、经营工具使用的品牌无形资产均可使用该体系确定其质量。

第一节　评价指标阐述

本报告依据国家标准对备评品牌进行调研、测算、评价，所用到的关键指标均来自《品牌评价 消费者感知测量指南》（GB/T 39071—2020）与《品牌评价 旅游目的地》（GB/T 39869—2021）。本节首先对品牌知名度、品牌认知度、品牌美誉度及品牌忠诚度等关键指标及其测算过程进行阐述。

一、品牌知名度的概念及测算

品牌知名度是指受众对某品牌知晓程度的度量指标，即受众当中有多少人知晓该品牌。如换成该品牌的全国知名度，则是指全国消费者对该品牌的知晓程度。既可以是“某地区的知名度”，也可以是“20 ~ 30 岁男性消费者的知名度”，知名度一定会有某个区域或某类细分受众为前提。

本报告所提及的品牌知名度是指受众对某品牌知晓程度的度量指标，即受众当中知晓特定品牌的人数与受众总人数的比率。它是一个总体概念指标，由单位的比率（百分比）表达。品牌知名度的测算过程如下。

第 i 层样本的品牌知名度即

$$Z_i = \frac{j_i}{q_i} \times 100\%$$

合并分层，该品牌的品牌知名度的测量公式为

$$Z = \sum_{i=1}^{n} \frac{q_i}{Q} \times \frac{j_i}{q_i} \times 100\% = \frac{1}{Q} \sum_{i=1}^{n} j_i \times 100\%$$

式中：

Z——品牌知名度；

Z_i——第 i 层样本的品牌知名度；

j_i——第 i 层样本中知晓品牌的消费者人数；

q_i——第 i 层样本的消费者人数；

Q——消费者总人数。

二、品牌认知度的概念及测算

认知度来自五星模型中品牌知名度的最低层次品牌认知层次和质量感知概念的结合，借鉴前人对品牌发展这一阶段的理解，将该指标的内涵重新设计为“品牌认知度是受众对品牌的知识、内涵以及其他信息的深入认识程度”。

在知晓的基础上，对已知晓某特定品牌名称的受众进行认知度调查，主要考察受众对品牌的深入认知，其考察次序为该品牌的原产地、主要产品、行销行业、LOGO 辨识和品牌个性、品牌价值观等（后续详细说明），以判断消费者对该品牌的认知程度。

五星模型中的品牌认知是品牌知名度的最低层次，是指消费者曾经接触过某品牌，它反映了消费者从过去对品牌的接触中产生出一种熟悉感。消费者认知某品牌，并不一定记得曾在某地接触过该品牌，也不一定能够说出该品牌与其他品牌有何不同，它是何种产品类别的品牌，它只表明消

费者过去曾经接触过该品牌。感知质量则是消费者根据预期的目的和相关选择对产品或服务的全面质量或优越性的一种感知，类似于品牌体验的概念，它是消费者对品牌质量的一种概括性的、总体性的感知。

五星模型中的知名度品牌认知层次和感知质量所描述的现象是一样的，只是程度有所不同，是可以归结为一个品牌认知度的概念。

品牌认知度的概念在品牌传播实践中可以这样理解：受众仅知道某品牌的品名是远远不够的。如两个消费者都知道某特定品牌的名称，但认知程度可能不一样，其中一人只是听说过该品牌名称而已，而另一人不仅知道品牌名称，而且记得住该品牌的广告，甚至能够辨识品牌的LOGO，了解品牌的个性和价值观，虽然在知名度的范围内来看这两人是一样的，但认知程度的不同决定了他们对该品牌的认知差异很大。

测算某品牌认知度时首先要将问卷的多个问题划分为若干等距层次，得分由低至高是消费者对该品牌认知逐渐深入的过程，其中某消费者达到任意一个程度表示为 X_{ir}。通过对 n_i 个消费者所组成的目标市场进行抽样调查可以估算整个目标市场的平均认知度，用 $\overline{R}$ 表示，品牌平均认知度即为品牌认知度，具体计算过程如下。

第 i 层样本的品牌平均认知度即

$$\overline{r}_i = \frac{1}{j_i}\sum_{i=1}^{j} X_{ir} \times 100\%$$

合并分层，该品牌的品牌平均认知度的测量公式为

$$\overline{R} = \frac{1}{Q}\sum_{i=1}^{n} q_i \times \overline{r}_i$$

式中：

$\overline{r_i}$——第 i 层样本的品牌平均认知度；

j_i——第 i 层样本中知晓品牌的消费者人数；

X_{ir}——第 i 层样本中某消费者达到任意一个认知程度；

$\overline{R}$ ——该品牌的平均认知度；

Q——消费者总人数；

q_i——第 i 层样本的消费者人数。

三、品牌美誉度的概念及测算

品牌美誉度是指品牌获得来自消费者的赞许、推荐，但美誉度不是指某个消费者对品牌的赞许程度，一个消费者对某品牌的偏爱程度并不是品牌美誉度的含义，品牌美誉度的核心内涵是消费者当中有多少是来自消费者的相互影响。

品牌美誉度的概念强调消费者在使用该品牌的产品或服务后所产生的体验，更多的是与产品自身质量和品牌形象相关，质量好、形象好的产品通常能够得到比较多的赞许。此外，还有品牌内涵对消费者的影响。总的来看，品牌美誉度的形成主要取决于是否获得了消费者认可，因此，可以认为认知度是美誉度形成的基础，但即使消费者对品牌有充分的认知，品牌也不一定能够形成相应的美誉度。

美誉度的内涵一般由自我传播的概念来代替。自我传播简称“自传播”，俗称“口碑”，是指在没有任何商业费用支持的情况下，品牌依然在消费者和媒体中广泛传播。美誉度的测算实质是对品牌自传播能力的测算，在实务中需要精确地了解消费者的购买动机中来自消费者之间的相互影响的程度，一般使用排他问卷的形式，将受到广告、促销、渠道等与直接营销目的有关的购买动机影响的消费者剔除，剩余的消费者可以约等于受到其他消费者影响的口碑消费者，其所占比例即为品牌美誉度。

品牌美誉度是品牌创建的关键，商标能否被称为品牌就是看该商标是否获得了相当程度的美誉度。美誉度与品牌认知度之间确实存在较强的相关关系，一般来说美誉度的形成是需要有认知度作为基础的。厂商经过努力使品牌形成较高知名度和认知度是有可能的，但能否形成美誉度就不完全取决于厂商的努力了。品牌自身、消费者的成熟程度、市场机遇等都是品牌美誉度形成的必要条件。美誉度一旦形成，该品牌创建即告成功，该商标即成为一般意义上的品牌。此时的品牌不需要再像在创建阶段那样为知名度负担高额的传播成本，即使将广告全部停播，品牌也会在消费者之间广泛传播。达到一定美誉度的品牌，继续使用广告产生的效益会很低，厂商只需要少量提示即可。

品牌美誉度指标的测算过程如下。

第 i 层样本的品牌美誉度即

$$a_i = \frac{x_i}{s_i} \times 100\%$$

合并分层，该品牌的品牌美誉度的测量公式为

$$a = \sum_{i=1}^{n} \frac{q_i}{Q} \times \frac{x_i}{s_i} \times 100\%$$
$$= \frac{1}{Q} \sum_{i=1}^{n} \frac{q_i \times x_i}{s_i} \times 100\%$$

式中：

a——品牌美誉度；

a_i——第 i 层样本的品牌美誉度；

x_i——第 i 层样本中的自传播者人数（接受过推荐并有过向其他消费者推荐的行为的消费者数量）；

s_i——第 i 层样本中知晓品牌的消费者人数；

Q——消费者总人数；

q_i——第 i 层样本的消费者人数。

四、品牌忠诚度的概念及测算

品牌忠诚是指消费者在购买决策中表现出来的对某个品牌有偏向性的（而非随意的）行为反应。它是一种行为过程，也是一种心理（决策和评估）过程。简单来说，品牌忠诚是指消费者的消费偏好或消费习惯与某品牌长期保持一致且是持续的，即该消费者对这个品牌具有了品牌忠诚的行为，在《消费者行为学》中将品牌忠诚理解为重复购买率。

品牌忠诚不同于人与人之间感情的忠诚，它不特指品牌与消费者之间具有情感上的相互依赖，而仅是描述消费者的消费习惯和偏好。因此，在品牌忠诚指标中不考虑消费者对某品牌在情感上的依赖，只考虑其行为上的结果。品牌忠诚度对一个品牌的生存与发展极其重要，一定的品牌忠诚度体现出该品牌对销售的支撑作用，能够提高品牌抗风险的能力，使品牌保持长久的生命力，它是一个品牌能够发挥时效性作用的体现。

在实务中，品牌忠诚者指连续购买次数超过该行业的平均重复购买率的消费者。因此，品牌忠诚度是在特定样本下，品牌忠诚者占消费者总人数的比例，其计算过程如下。

第 i 层的样本 E_i 个消费者购买过该品牌的产品，有 F_i 个消费者符合品牌忠诚者的条件，该品牌在第一个样本中的忠诚度即为

$$L_i = \frac{F_i}{E_i} \times 100\%$$

合并分层，该品牌的品牌忠诚度的测量公式为

$$\begin{aligned} L &= \sum_{i=1}^{n} \frac{q_i}{Q} \times \frac{F_i}{E_i} \times 100\% \\ &= \frac{1}{Q} \sum_{i=1}^{n} \frac{q_i \times F_i}{E_i} \times 100\% \end{aligned}$$

式中：

L——品牌忠诚度；

L_i——第 i 层样本的品牌忠诚度；

E_i——第 i 层消费者中购买过该品牌产品的消费者人数；

F_i——样本中，符合品牌忠诚者条件的消费者人数；

Q——消费者总人数；

q_i——第 i 层样本的消费者人数。

除了上述四项评价指标之外，书中还计算了品牌的信息总量、品牌价值等评价性指标，为系统评价品牌做了充分的准备。

第二节　旅游目的地品牌价值测算步骤及示例

鉴于旅游目的地品牌价值评价具有因研究对象差异而产生的特殊性，因此需要在《品牌评价 旅游目的地》（GB/T 39869—2021）的基础上对旅游目的地品牌价值测算模型的修正及品牌价值测算过程等做详细阐述。旅游目的地品牌价值测算步骤如下。

一、收益法模型

基于收益法的旅游目的地企业品牌价值计算公式为

$$V = \frac{F}{\beta} \qquad (1)$$

式中：

V——品牌价值；

F——2021 年旅游目的地的品牌年收入；

β——品牌折现率。

在 F 值的选取上，根据本报告中所评价的安徽省旅游资源的实际情况以及覆盖地域范围进行调整。例如，黄山旅游目的地，因该旅游目的地是地区名称命名，选取黄山市的旅游收入作为 F 值更为恰当；而浮山旅游目的地，该旅游目的地位于安徽省铜陵市枞阳县中部偏北地区，若以铜陵全市的旅游收入进行品牌价值测算，将高估浮山旅游目的地的品牌价值，使得评价结果可信度降低。因此，在具体计算中，遵循国家标准《品牌评价 旅游目的地》（GB/T 39869—2021）的核心思想，为进一步提高品牌价值测算结果的可参考价值，本报告选取近似值进行计算，采用浮山旅游目的地所在县的第三产业增加值作为实际计算中的 F 值。

类似的还有龙子湖风景区、巨石山、小岗村乡村旅游区、寿县古城暨八公山风景区、歙县雄村、徽州古城、天柱山、佛子岭等旅游目的地，也将根据实际情况进行调整。

还有如云岭新四军军部旧址纪念馆这类红色旅游目的地，是无法用货币价值衡量的品牌，书中只对其知名度等指标进行计算与评价，不做品牌价值评估。

二、品牌折现率

品牌折现率计算公式为

$$\beta = \frac{\bar{i}}{\alpha} \qquad (2)$$

式中：

$\bar{i}$——评价前连续三年平均年利率，以中国人民银行的贷款利率的加权平均数为准；

α——品牌强度系数；

三、品牌强度系数

品牌强度系数，即为体现品牌强度的系数。旅游目的地品牌价值评价具有因研究对象差异而产生的特殊性，因此将国家标准《品牌评价 旅游目的地》（GB/T 39869—2021）中五要素测算品牌强度的计算方法更换为各个信息总量 / 行业内品牌满信息量的测算方法。满信息量是指行业假设一个旅游目的地品牌达到 100% 知名度、100% 认知度、100% 美誉度和 100% 忠诚度时所具有的信息量。

品牌强度系数计算公式为

$$a=\frac{\text{该旅游目的地品牌信息总量}}{\text{知名度、认知度、美誉度、忠诚度均为 100\% 时的品牌信息总量}} \tag{3}$$

式中，品牌信息总量的计算分为以下两步。

1. 调研城市全市人口品牌信息总量估值

总人口数代表：该等级城市所代表城市群的所有人口。

[总人口数 × 平均知名度 + 总人口数 × 平均知名度 × 平均认知度 × R_{max}] $\mu_{全市人口}$

2. 调研城市某品牌目标人群的品牌信息量估值

[目标消费者总数 × 目标消费者平均知名度 +（消费者最大信息量 −1）× 目标消费者总数 × 目标消费者平均知名度 × 目标消费者平均认知度] $\times\mu_{目标消费者}$

四、品牌价值测算的修正

本报告在评价安徽省旅游品牌资源的品牌价值过程中遵循国家标准的核心思想，根据具体品牌资源情况对标准内容进行修正。主要修正内容针对不严格适用于国家标准的旅游品牌资源。具体来说，由于本报告部分品牌（如皇甫山国家森林公园），无法如黄山一样将其严格界定为某省某地的旅游目的地品牌资源，虽然其本质上属于安徽省滁州市的旅游景点，但不满足国家标准中对旅游目的地的界定。因此，针对此类品牌资源，在品牌价值测算中本报告予以修正。

具体修正内容如下。

首先，按照《品牌评价 消费者感知测量指南》（GB/T 39071—2020），对如皇甫山国家森林公园一类的旅游品牌资源的品牌知名度、品牌认知度、品牌美誉度及品牌忠诚度关键指标进行测算，计算出其品牌信息总量。

其次，在完成报告中旅游目的地的品牌价值测算后，求取品牌价值与各自的品牌信息总量之比的平均值，得到单位品牌信息总量。经计算，旅游目的地单位品牌信息总量为 9.00987E−08 亿 / 比特。

最后，求取单位品牌信息总量与旅游品牌资源的品牌信息总量的乘积，即为该旅游资源的品牌价值。所包含的旅游品牌资源有马仁奇峰森林旅游区、迎江寺、皇甫山国家森林公园、大别山彩虹瀑布、采石矶风景名胜区、韭山洞、白鹭岛风景区、芜湖方特、牯牛降、徽杭古道、地藏王圣像景区、明皇陵、赭山风景区、棠樾牌坊群、亳州花戏楼、九华秋浦胜境风景区、齐山平天湖景区、龙川风景名胜区、青龙湾生态度假区、响洪甸水库、莲峰云海、九子岩景区、悠然蓝溪旅游景区、宏村、琅琊山风景名胜区、凤阳狼巷迷谷景区、天堂寨、八里河风景区、三河古镇、西递、六安茶谷、五千年文博园、池州杏花村、悠然南山度假区、浮山国家森林公园、大别山石窟、李鸿章府、九华山、九华天池。

此外，仍有部分旅游品牌资源因其特殊性，无论是按照《品牌评价 旅游目的地》（GB/T 39869—2021）国家标准还是按照上述修正思想均难以测算出具有参考价值的品牌价值，为不影响本报告的整体价值，对这部分品牌仅按照《品牌评价 消费者感知测量指南》（GB/T 39071—2020）

对品牌知名度、品牌认知度、品牌美誉度及品牌忠诚度关键指标以及品牌信息总量进行分析。如新安江山水画廊、皇藏峪国家森林公园、恩龙山庄、梨树王景区、云岭新四军军部旧址纪念馆、木坑竹海、萧县黄河故道湿地省级自然保护区、屯溪老街、菱湖风景区、焦岗湖旅游景区、芙蓉谷、齐云山。

五、示例：安徽黄山旅游景区品牌价值测算

1. 黄山旅游景区简介

黄山，中华十大名山之一，天下第一奇山。位于安徽省南部黄山市境内，有 72 峰，主峰莲花峰海拔约 1864 米，与光明顶、天都峰并称“三大黄山主峰”，为三十六大峰之一。黄山是安徽旅游的标志，是中国十大风景名胜中唯一的山岳风光，现为世界文化与自然双重遗产，世界地质公园，国家 AAAAA 级旅游景区，国家级风景名胜区，全国文明风景旅游区示范点。黄山原名“黟山”，因峰岩青黑，遥望苍黛而得名。后因传说轩辕黄帝曾在此炼丹，故改名为“黄山”。黄山的代表景观有“五绝三瀑”，“五绝”指奇松、怪石、云海、温泉、冬雪，“三瀑”指人字瀑、百丈泉、九龙瀑。黄山迎客松是安徽人民热情友好的象征，承载着拥抱世界的东方礼仪文化。明代旅行家徐霞客登临黄山时赞叹：“薄海内外之名山，无如徽之黄山。登黄山，天下无山，观止矣！”被后人引申为“五岳归来不看山，黄山归来不看岳”。2017 年 12 月，黄山入选教育部第一批全国中小学生研学实践教育基地、营地名单。

2. 黄山旅游景区旅游目的地品牌的基础指标与分析

黄山旅游景区旅游目的地品牌基础数据，如表 2–1 所示。

表 2–1　黄山旅游景区旅游目的地品牌基础数据

指标 范围	知名度 （%）	认知度 （%）	美誉度 （%）	忠诚度 （%）	品牌信息总量估值 （比特）
全国	82.85	40.59	5.08	43.71	2642299615

黄山旅游景区的品牌信息总量估值为 2642299615 比特。在全国范围内，黄山旅游景区已经成为同类旅游目的地中非常有影响力的旅游目的地品牌，并且已经进入品牌的成熟期，在全国拥有高知名度和高认知度，已经成为大众耳熟能详的旅游目的地品牌。

黄山旅游景区旅游目的地品牌的知名度为 82.85%，十分接近知名度的第五个关键点 84.45%，说明黄山旅游景区旅游目的地品牌获得了极高的消费者知名度，成为大众耳熟能详的品牌。此时，该品牌在行业内颇具影响力，超过 80% 的消费者对其广告或品牌的内容已经非常熟悉。据此可以判断黄山旅游景区旅游目的地的消费者已经对其拥有充分的美誉度。此阶段的品牌一般也有着较高的品牌忠诚度，此时意味着该品牌具有很强的抗风险能力，到该旅游目的地旅游的游客数量不易衰减，即使不再使用广告，品牌依然会在消费者中长期存在。

黄山旅游景区旅游目的地品牌认知度为 40.59%，与知名度的比值为 0.4899，十分接近知名度的 50%，可以认为黄山旅游景区的认知度有效，传播效果较为充分。此时黄山旅游景区旅游目的地品牌不仅具有较高的知名度，消费者也对其有了较深的认知，已经具有一定的联想度，可以进行品牌的延伸。此时的品牌具有了对消费者选择偏好的影响力，其性质为有用的竞争工具，在竞争中作用明显。

黄山旅游景区旅游目的地品牌美誉度为 5.08%，略高于美誉度的第一个关键点。在突破这个关键点后，消费者的口碑作用逐渐凸显出来，消费者偏好越来越明显，消费者之间的传播也越来越广泛，但黄山旅游景区的品牌美誉度与其知名度、认知度的差距巨大，说明黄山旅游景区在旅游目的地的管理上，尤其是景区面向到访者的相关服务等方面的管理工作存在诸多不足，应不断提升服务质量，增强黄山旅游消费者的体验感，促进消费者产生更多的自主正向传播口碑。

黄山旅游景区旅游目的地品牌的高忠诚度在安徽省内全部旅游目的地排名中十分靠前，可以说黄山旅游景区是安徽省旅游目的地的强势品牌。其品牌忠诚度为43.71%，已经出现消费者两次或两次以上到达该旅游目的地旅游的现象；但是综合来看，该旅游目的地品牌获得的忠诚度并不是全部由美誉度产生的正向口碑转化而来，可能更多是由于高知名度和高认知度的支撑，使得该品牌在其营销和相关销售方面获得游客的重复到访率。

3. 黄山旅游景区旅游目的地品牌的价值测算

首先，由安徽省商务厅官网直接获取旅游目的地所在城市的旅游收入。

其次，查询2019—2021年连续三年的平均年利率，以中国人民银行的贷款利率的加权平均数为准。

再次，根据公式（2）计算得到品牌折现率。

然后，根据公式（3）计算得到品牌强度系数。

最后，根据公式（1）计算得到品牌价值。黄山旅游景区品牌价值的测算结果如表2–2所示。

表2–2　黄山旅游景区品牌价值测算结果

旅游区域	自身品牌信息量（比特）	100%时品牌信息量（比特）	比值 α	比值 β	本市旅游总收入（亿元）	品牌价值 V（亿元）
黄山旅游景区	2642299615	24132817107	0.1094899	0.3972969	439.6729534	1106.660818

4. 黄山旅游景区品牌价值测算结果分析

由表 2−2 可知，黄山旅游景区旅游目的地品牌价值为 1106.660818 亿元，品牌价值处于良好水平；同时由黄山旅游景区旅游目的地品牌的基础指标与分析可知，其品牌知名度、认知度、美誉度及忠诚度数据均为良好，且均超过各个指标的最低关键点，知名度甚至接近最高的关键点。因此，综合来看，黄山旅游景区在本报告的评价逻辑下，反映出较为出色的品牌能力，品牌运营实力雄厚，品牌溢价能力明显，品牌价值极高。

第三章

安庆旅游目的地

第一节　天柱山

一、天柱山简介

天柱山，位于安徽省安庆市潜山市西部，又名潜山、皖山、皖公山（安徽省简称“皖”由此而来）、万岁山、万山等，为大别山山脉东延的组成部分（或称余脉）。天柱山一般指潜山市境内以其主峰天柱峰为中心的山地，有时也指其主峰天柱峰（地理坐标为东经 116°27′，北纬 30°43′）。据 1980 年航空测定，天柱峰海拔为 1488.4 米，2008 年国家测绘局重新测定为 1489.8 米。

天柱山呈现出奇峰、怪石、幽洞、峡谷等自然景观，以雄、奇、灵、秀著称于世。天柱山内植被繁茂，森林覆盖率高达 97%，享有“空气维他命”美称的负氧离子含量是国家最高的 I 级标准的三倍。唐代大诗人白居易在《题天柱峰》一诗中赞美:“天柱一峰擎日月，洞门千仞锁云雷。”

天柱山拥有全国唯一、全球揭露面积最大且暴露最深的超高压变质带，其以崩塌堆垒地貌景观被地质学家誉为世界上最美的花岗岩地貌，又被称作“地球的泄密者”。文学家形容其为“山峰丛林”和“石头宫殿”。2011 年 9 月，天柱山被联合国教科文组织正式批准成为世界地质公园。

天柱山因其独特的自然景观，成为安徽省三大名山之一（黄山、九华山、天柱山），早在汉武帝时就被封为“南岳”，历代都有人文活动。中华人民共和国成立后开发为安庆天柱山风景名胜区，先后获得国家级重点风景名胜区，国家自然与文化遗产地、国家森林公园、国家 AAAAA 级旅游景区等称号。

二、天柱山旅游目的地品牌的基础指标与分析

天柱山旅游目的地品牌基础数据，如表 3-1 所示。

表 3-1 天柱山旅游目的地品牌基础数据

指标 范围	知名度 （%）	认知度 （%）	美誉度 （%）	忠诚度 （%）	品牌信息总量估值 （比特）
全国	29.28	16.47	3.37	12.88	621470812.5

天柱山品牌信息总量估值为 621470812.5 比特，在全国范围内属于中等规模品牌，形成了一定的影响力与知名度。

天柱山旅游目的地品牌的知名度为 29.28%，超过了知名度的第二个关键点，说明半数消费者对其已有较深认知，表现出在对异质异价甚至风格不同的同类旅游目的地都有明显的重复到访意愿，形成了品牌偏好。

天柱山旅游目的地品牌的认知度为 16.47%，与知名度的比值为 0.5625，比值较为合理，但仅略高于 0.5，总体来说仍然偏低。其美誉度远低于认知度，前期大规模投放广告的品牌非常容易出现这类情况，但高频次的广告重复不会增加美誉度。美誉度的形成离不开认知度的支撑，且往往是依靠品牌的产品质量或服务获得的，对企业品牌的传播发展是十分有益的。

天柱山旅游目的地品牌的美誉度为 3.37%，消费者的口碑作用逐渐凸显出来，极易发生品牌自传播骤增现象，但品牌的骤增点并不确定。

天柱山旅游目的地品牌的忠诚度为 12.88%，说明已经产生了消费者重复去该旅游景点的现象，品牌忠诚度只要不低于 0 即为有效，天柱山旅游目的地品牌的忠诚度有效值较高，可以适当地进行品牌延伸。

三、天柱山旅游目的地品牌的价值测算

1. 主要参数及计算结果

对天柱山旅游景区的品牌价值测算主要依据国家标准《品牌评价 旅游目的地》(GB/T 39869—2021),并完善了测量方法,将《品牌评价 旅游目的地》标准中五要素测算品牌强度的方法更换为各个信息总量 / 行业内品牌满信息量的方法,详细计算步骤见本书的第二章第二节,此处不再赘述。

天柱山品牌价值测算结果,如表 3–2 所示。

表 3–2 天柱山品牌价值测算结果

旅游区域	自身品牌信息量(比特)	100% 时品牌信息量(比特)	比值 α	比值 β	本市第三产业产值(亿元)	品牌价值 V(亿元)
天柱山	621470812.5	24132817107	0.0257521	1.6891824	93.5576	55.38632257

2. 天柱山品牌价值测算结果分析

由表 3–2 可知,以天柱山旅游目的地所在市的第三产业产值来计算品牌价值,可以得到天柱山的品牌价值为 55.38632257 亿元,品牌价值水平在全省旅游目的地品牌价值排名中略处于低位。天柱山的品牌知名度为 29.28%,而认知度为 16.47%,认知度与知名度的比值仅略高于 0.5,而其美誉度又远低于认知度,仅为 3.37%。因此,综合来看,在本报告的评价逻辑下,天柱山的品牌价值测算结果反映了其基础指标数据应有的品牌价值。天柱山较低的品牌认知度与美誉度,影响了其品牌价值结果,但总体来看,天柱山品牌价值较为理想,品牌溢价能力亟待挖掘。

第二节　五千年文博园

一、五千年文博园简介

五千年文博园位于安徽省安庆市太湖县境内，处于沪渝高速太湖县收费站高速路口西侧。五千年文博园以“中华文化主题公园”为目标，致力于打造一座世界探寻东方文明的艺术殿堂。五千年文博园规划占地5000亩（1亩≈0.0667公顷），共分五期建设。五期规划分别是“一梦千年”“十里画廊”“百年风云”“千秋马帮”及“万代同根”。景区先后被国家文化部命名为“国家文化产业示范基地”，被国家旅游局评定为“国家AAAA级旅游景区”。2012年五千年文博园成为网民最关注的“中国十大文化旅游景区”，入选“长三角100个不得不去的地方”“安徽旅游品牌影响力奖——四大景区品牌”。2013荣获安徽省名牌、中国最具创造力文化品牌、中国文化创造力调研基地等。太湖县希望通过精心的品牌建设和品牌运作，将五千年文博园打造成著名的国家AAAAA级旅游景区。

二、五千年文博园旅游目的地品牌的基础指标与分析

五千年文博园旅游目的地品牌基础数据，如表3–3所示。

表3–3　五千年文博园旅游目的地品牌基础数据

指标 范围	知名度（%）	认知度（%）	美誉度（%）	忠诚度（%）	品牌信息总量估值（比特）
全国	68.47	19.26	17.91	16.44	1550425464

五千年文博园品牌信息总量估值为1550425464比特，在全国范围内属于大规模品牌。

五千年文博园旅游目的地品牌的知名度为68.47%，已经突破了知名度的第四个关键点。达到此关键点以上的品牌可以称之为高知名度品牌，已经具有充分的消费者认知和联想的基础，说明该旅游目的地在前期对品牌进行了一定的广告投入和营销宣传，在此阶段极有可能产生品牌自我传播现象，并且此时品牌具有的知名度已经饱和。

五千年文博园旅游目的地品牌的认知度为19.26%，其与知名度的比值仅为0.2813，低于认知度和知名度比值的最低限33.33%，说明五千年文博园目前品牌传播效果不佳，大多数消费者仅限于知道该旅游目的地，但对其LOGO、风景特色、独特的地理文化等内容了解不足。该情况的发生可能是因为五千年文博园管理单位投放了很多广告，但广告的效应未能显现，为后续品牌运作带来了较大压力和挑战。

五千年文博园旅游目的地品牌的美誉度为17.91%，已经突破了美誉度的第一个关键点，处于第二个阈值范围内。五千年文博园消费者的口碑作用逐渐凸显出来，消费者的偏好也越来越明显，产生了一定的自传播效应。

五千年文博园品牌的忠诚度为16.44%，与美誉度的比值相近，说明其营销传播活动对其消费者口碑向消费者重复到访率的转换起到了一定的作用，并且传播效果相对充分，旅游目的地品牌发展前景良好。

总体来看，五千年文博园品牌具有良好的知名度和一定的联想基础，并且具有一定的忠诚度，可以将其营销费用和品牌管理费用进行品牌延伸，需要该旅游目的地品牌在日后的管理和引导方面引起重视。

三、五千年文博园旅游目的地品牌的价值测算

1. 主要参数及计算结果

对五千年文博园的品牌价值测算主要依据国家标准《品牌评价 旅游目的地》(GB/T 39869—2021)，并完善了测量方法，将《品牌评价 旅游目的地》标准中五要素测算品牌强度的方法更换为各个信息总量 / 行业内品牌

满信息量的方法，详细计算步骤见本书的第二章第二节，此处不再赘述。

五千年文博园品牌价值测算结果，如表 3–4 所示。

表 3–4　五千年文博园品牌价值测算结果

旅游区域	自身品牌信息量（比特）	100% 时品牌信息量（比特）	比值 α	比值 β	单位品牌信息总量（亿 / 比特）	品牌价值 V（亿元）
五千年文博园	1550425464	24132817107	0.0642455	0.6770900	9.00987E−08	139.69132

2. 五千年文博园品牌价值测算结果分析

由表 3–4 可知，根据品牌价值测算的修正思想，采取单位品牌信息总量（亿 / 比特）方式对品牌价值进行测算，得到五千年文博园的品牌价值为 139.69132 亿元，在全省旅游目的地的品牌价值排名中处于良好水平。分析其中原因，可能在于五千年文博园在全国范围内享有较高的品牌知名度，并且五千年文博园的品牌美誉度及忠诚度指数均较为理想，二者也十分接近，传播效果相对充分。造成五千年文博园品牌价值仅处于全省旅游目的地品牌价值排名良好水平的原因，可能在于消费者对其认知较低，品牌传播效果不佳，影响了进一步转化为更高的品牌价值。

第三节　巨石山

一、巨石山简介

巨石山位于安徽省安庆市宜秀区罗岭镇，长江北岸的菜子湖畔，是安庆巨石山生态文化旅游区所在地，总面积 43 平方千米，国家 AAAA 景区。

巨石山为大别山余脉，著名的黄梅戏文化发祥地，距安庆20千米，距合肥150千米，属合肥、武汉、南京、芜湖、六安、黄山等两小时经济圈中心地带。巨石山因地球亿万年前火山运动，在地壳内、外应力作用下形成特殊形态的巨石地质景观而得名，最高峰龙头峰海拔520米，景区原始生态保存良好，负氧离子含量极高，是难得的天然氧吧。山中云雾缭绕、风景秀丽，巨石千姿百态，道路曲径通幽，四季景色变幻多样，山中古迹遗址保存完好，更有文化遗产巨型摩崖石刻“海枯石烂”苍古遒劲，古往今来一直是有情人前来朝圣祈愿的福地。山下湿地公园烟波浩渺，四季花海缤纷璀璨，与星罗棋布的山中巨石遥相呼应，美奂绝伦的自然风光与深厚独特的文化底蕴，赋予了巨石山特有的神秘气质。山上景点“神猿问天”处有520爱心玻璃观景台，沿着悬崖峭壁建成520米的玻璃栈道；2019年新建网红心跳项目悬崖蹦极，亦是特色旅游体验项目，并在海拔520米处的悬崖旁架设高20米的悬崖双人秋千，直伸悬崖之外。

二、巨石山旅游目的地品牌的基础指标与分析

巨石山旅游目的地品牌基础数据，如表3–5所示。

表3–5 巨石山旅游目的地品牌基础数据

指标 范围	知名度（%）	认知度（%）	美誉度（%）	忠诚度（%）	品牌信息总量估值（比特）
全国	24.01	7.15	1.28	9.58	410380405.6

巨石山品牌信息总量估值为410380405.6比特，在全国范围内属于中等规模品牌，逐渐成为大众品牌。

巨石山旅游目的地品牌的知名度为24.01%，突破知名度的第二个关键点16.13%，说明当前巨石山旅游目的地有良好的消费者知晓的基础。相对于安徽黄山旅游景区等旅游目的地，巨石山在全国范围内的知名度偏

低，但知名度已成功突破 16.13% 这一关键点，表明消费者认知的范围开始扩大，对旅游目的地的风格、文化等开始出现深度认知。某一品牌知名度达到此区间时，知名度便开始伴随其认知度、美誉度的增长而增加。

巨石山旅游目的地品牌的认知度为 7.15%，其与知名度的比值为 0.2978，低于传播效果充分的阈值范围 50%，也低于传播效果一般的阈值 33.33%，处于传播效果不足的阶段。在 24.01% 的知名度下，消费者对巨石山的品牌内涵的认知还不够充分。

巨石山旅游目的地品牌的美誉度为 1.28%，处于品牌自传播效应极低的范围。这一阶段出现了部分消费者的推荐性口碑，存在正向自传播现象，但仅有少量游客或到访者自己进行口头、自媒体等途径的传播和推荐，表明目前巨石山旅游目的地不具备明显的品牌影响力。

巨石山旅游目的地品牌忠诚度为 9.58%，忠诚度指标相较美誉度偏高，说明美誉度实现了有效转化，其高忠诚度的形成可能来源于当地游客频繁到访巨石山，这有助于巨石山未来的品牌转化和品牌延伸。

综合来看，巨石山品牌管理方可以对旅游目的地的售后行为及景点服务进行升级更新，完善其基础服务设施建设，来提高消费者对巨石山品牌 LOGO、内涵、文化底蕴等的认知水平，进而促进正向口碑的传播。

三、巨石山旅游目的地品牌的价值测算

1. 主要参数及计算结果

对巨石山的品牌价值测算主要依据国家标准《品牌评价 旅游目的地》（GB/T 39869—2021），并完善了测量方法，将《品牌评价 旅游目的地》标准中五要素测算品牌强度的方法更换为各个信息总量 / 行业内品牌满信息量的方法，详细计算步骤见本书的第二章第二节，此处不再赘述。

巨石山品牌价值测算结果，如表 3–6 所示。

表 3-6　巨石山品牌价值测算结果

旅游区域	自身品牌信息量（比特）	100% 时品牌信息量（比特）	比值 α	比值 β	所在镇总收入（亿元）	品牌价值 V（亿元）
巨石山	410380405.6	24132817107	0.0170051	2.5580596	0.049766	0.01945459

2. 巨石山品牌价值测算结果分析

由表 3-6 可知，F 值选取巨石山所在镇总收入，得到巨石山的品牌价值为 0.01945459 亿元，品牌价值较低。造成这一结果的原因可能是巨石山的知名度较低，未达到省内旅游目的地知名度排行的平均水平，并且品牌认知度、美誉度和忠诚度都处于低水平状态，导致其品牌信息总量只达到 410380405.6 比特，虽然本市的旅游收入在省内排行处于较高水准，但由于品牌折现率过高，导致品牌价值计算结果不理想。巨石山是国家 AAAA 级景区，其所在地是黄梅戏的发祥地，并有险峰秀水，应该可以吸引更多游客并使游客充分接纳，其品牌认知度和知名度应该高于目前状态。根据数据分析结果，巨石山应该加强景区的特色宣传，制定具有地方特色的旅游项目吸引旅客驻足游玩。

第四节　大别山彩虹瀑布

一、大别山彩虹瀑布简介

大别山彩虹瀑布风景区位于安徽省岳西县黄尾镇境内，距岳西县城和霍山县城均为 34 千米，离济广高速六潜段黄尾出口 1.5 千米。风景区面积 40 平方千米，核心景区面积 3.2 平方千米。景区特色景点有梦幻彩虹瀑布和原生态猴河峡谷，还有历经猴河与黄尾河交汇后洪水冲刷而形成的许多河心洲、小岛，组成了数千米的山水画廊，因此大别山彩虹瀑布风景区可谓集峡谷、瀑布、丽水、文化为一体的山水景区。

二、大别山彩虹瀑布旅游目的地品牌的基础指标与分析

大别山彩虹瀑布旅游目的地品牌基础数据，如表 3–7 所示。

表 3–7　大别山彩虹瀑布旅游目的地品牌基础数据

指标 范围	知名度（%）	认知度（%）	美誉度（%）	忠诚度（%）	品牌信息总量估值（比特）
全国	22.79	13.94	0.88	10.40	457504200.5

大别山彩虹瀑布品牌信息总量估值为 457504200.5 比特，在全国范围内属于中等规模品牌，在消费者认知中，该品牌不再具有专业特征，成为一个泛大众的品牌。

大别山彩虹瀑布旅游目的地品牌的知名度为 22.79%，突破了知名度的第二个关键点，说明当前大别山彩虹瀑布有较为良好的消费者知晓的基础，消费者认知的范围开始扩大。大别山彩虹瀑布知名度达到此区间时，知名度便开始伴随其自身品牌的认识度、美誉度的增长而上升。

大别山彩虹瀑布旅游目的地品牌的认知度为 13.94%，其与知名度的比值为 0.6117，远高于 0.5，说明大别山彩虹瀑布的认知度有效，传播效果充分。在此阶段已经获得了相应的认知度，已经具备了消费者的联想和延伸的基本条件。此时半数消费者已经表现出明显的选择偏好。在无提示情境下，同类旅游目的地的选择中，半数以上的消费者会把这一阶段的知名度和认知度作为主要选项。

大别山彩虹瀑布旅游目的地品牌的美誉度为 0.88%，处于品牌自传播效应极低的水平。尽管当某一品牌的美誉度不为 0 时，说明出现了一部分

消费者的推荐性口碑，但是美誉度数据不太理想，仅有极少量消费者自己进行口头、自媒体等途径的传播和推荐，品牌自传播能力较弱。

大别山彩虹瀑布旅游目的地品牌的忠诚度为 10.40%，已经出现消费者两次或两次以上到达该旅游目的地旅游的现象，但是其忠诚度和美誉度之间差异明显，忠诚度明显高于美誉度，说明大别山彩虹瀑布的高忠诚度更多是由消费者的认知度转化而来。

三、大别山彩虹瀑布旅游目的地品牌的价值测算

1. 主要参数及计算结果

对大别山彩虹瀑布旅游景区的品牌价值测算主要依据国家标准《品牌评价 旅游目的地》（GB/T 39869—2021），并完善了测量方法，将《品牌评价 旅游目的地》标准中五要素测算品牌强度的方法更换为各个信息总量 / 行业内品牌满信息量的方法，详细计算步骤见本书的第二章第二节，此处不再赘述。

大别山彩虹瀑布品牌价值测算结果，如表 3–8 所示。

表 3–8 大别山彩虹瀑布品牌价值测算结果

旅游区域	自身品牌信息量（比特）	100% 时品牌信息量（比特）	比值 α	比值 β	单位品牌信息总量（亿 / 比特）	品牌价值 V（亿元）
大别山彩虹瀑布景区	457504200.5	24132817107	0.0189578	2.2945747	9.00987E-08	41.2205341

2. 大别山彩虹瀑布品牌价值测算结果分析

由表 3–8 可知，根据品牌价值测算的修正思想，采取单位品牌信息总量（亿 / 比特）方式对品牌价值进行测算，得到大别山彩虹瀑布的品牌价值为 41.2205341 亿元，在全省旅游目的地的品牌价值排名中处于低

等水平。分析大别山彩虹瀑布品牌基础数据，发现除品牌认知度与知名度的比值较高外，其他三项指标的数据结果均较差，尤其是品牌美誉度，仅为 0.88%，严重影响了美誉度向忠诚度的转化，进而使得大别山彩虹瀑布的自身品牌信息量较低，最终导致其品牌价值目前与安徽省内其他旅游目的地品牌价值相差较大。

第五节　迎江寺

一、迎江寺简介

迎江寺，位于安徽省安庆市枞阳门外的长江边上，占地 3 万余平方米，由天王殿、大雄宝殿、振风塔、毗庐殿、藏经楼、大士阁、法堂、广嗣殿等建筑组成。迎江寺整座寺院建筑在长江岸边的高地上，殿堂巍峨，十里以外即能见其雄姿，安庆乃国家历史文化名城，迎江寺即在其东南，上接九华山，下临匡庐，北攘天柱，南临长江，可谓得天地之灵气，占人文之辉光。

二、迎江寺旅游目的地品牌的基础指标与分析

迎江寺旅游目的地品牌基础数据，如表 3–9 所示。

表 3–9　迎江寺旅游目的地品牌基础数据

指标 范围	知名度（%）	认知度（%）	美誉度（%）	忠诚度（%）	品牌信息总量估值（比特）
全国	23.93	10.90	1.50	10.15	448694925.6

迎江寺品牌信息总量估值为 448694925.6 比特，在全国范围内属于中等规模品牌，成为一个泛大众的品牌。

迎江寺旅游目的地品牌的知名度为23.93%，已突破知名度的第二个关键点16.13%。在突破知名度的第二个关键点之后，半数消费者对其有较深的认知，表现在对异质异价甚至风格不同的同类产品都有明显的购买意愿，形成了品牌偏好。

迎江寺旅游目的地品牌的认知度为10.90%，与知名度的比值为0.4555，超过知名度的33.33%，但低于50%，此时的旅游目的地在消费者中认知度不高，传播效果一般。消费者并不知道关于旅游目的地的更多信息，需要进行更多的有效宣传。

迎江寺旅游目的地品牌的美誉度为1.50%。迎江寺旅游目的地品牌美誉度较低，仅突破了美誉度的第一个关键点。消费者的口碑作用逐渐凸显出来，消费者之间的传播逐渐增多。此阶段属于有效自传播效应的发生时期，但在这一时期内，并不是所有的品牌都可以发生自传播现象，一旦产生有效自传播效应，极易出现品牌自传播骤增现象。

迎江寺旅游目的地品牌的忠诚度为10.15%，已出现消费者两次或两次以上选择该旅游目的地的现象，极易被延伸至其旅游目的地，但迎江寺旅游目的地品牌忠诚度数据的转化来源并非品牌美誉度，更多的是来源于品牌知名度和认知度，这为今后进行品牌延伸和品牌联想等带来一定的挑战。

三、迎江寺旅游目的地品牌的价值测算

1. 主要参数及计算结果

对迎江寺的品牌价值测算主要依据国家标准《品牌评价 旅游目的地》(GB/T 39869—2021)，并完善了测量方法，将《品牌评价 旅游目的地》标准中五要素测算品牌强度的方法更换为各个信息总量 / 行业内品牌满信息量的方法，详细计算步骤见本书的第二章第二节，此处不再赘述。

迎江寺品牌价值测算结果，如表3–10所示。

表 3-10　迎江寺品牌价值测算结果

旅游区域	自身品牌信息量（比特）	100% 时品牌信息量（比特）	比值 α	比值 β	单位品牌信息总量（亿 / 比特）	品牌价值 V（亿元）
迎江寺	448694925.6	24132817107	0.0185927	2.3396243	9.00987E–08	40.42682984

2. 迎江寺品牌价值测算结果分析

由表 3–10 可知，根据品牌价值测算的修正思想，采取单位品牌信息总量（亿 / 比特）方式对品牌价值进行测算，得到迎江寺的品牌价值为 40.42682984 亿元。迎江寺的各项基本指标数据均未达到安徽省内旅游目的地品牌基础指标的平均水平，并且自身品牌信息总量在总体水平中处于偏低状态，虽然本市旅游总收入较高，但以本市旅游总收入 / 比值 β 的结果仍不理想。迎江寺是安徽省安庆市内的重要景点，属于佛寺建筑，建筑在长江岸边的高地上，殿堂巍峨，可能也是因为这一特征，导致目标旅客有限，未能吸引更多的游客前往游览。

第六节　菱湖风景区

一、菱湖风景区简介

菱湖风景区位于安徽省安庆市迎江区菱湖南路中心，截至 2013 年年底，菱湖风景区总占地面积达 4.496 平方千米，其中水域面积 2.107 平方千米，陆地面积 2.389 平方千米。截至 2013 年年底，菱湖风景区包含菱湖公园、莲湖公园、皖江公园和文化广场四大景区，共由五个湖泊组成，分别是菱湖、莲湖、小菱湖、东湖、西湖，其中东湖和西湖并称大湖。2007 年，“安徽省安庆市菱湖风景区综合整治工程”获得“中国人居环境范例奖”。2011 年，经国家旅游局评定，安庆市菱湖风景区成为国家 AAAA 级旅游景区。

二、菱湖风景区旅游目的地品牌的基础指标与分析

菱湖风景区旅游目的地品牌基础数据，如表 3–11 所示。

表 3–11　菱湖风景区旅游目的地品牌基础数据

指标 范围	知名度 （%）	认知度 （%）	美誉度 （%）	忠诚度 （%）	品牌信息总量估值 （比特）
全国	65.32	20.62	17.28	12.61	1517996394

菱湖风景区品牌信息总量估值为 1517996394 比特，在全国范围内属于大规模品牌，在全国主要地区的信息量分布较为均匀，逐步褪去区域品牌的特征。

菱湖风景区旅游目的地品牌知名度为 65.32%，已突破知名度第四个关键点 61.80%。达到此关键点以上的品牌可以称之为高知名度品牌，已经具有消费者认知和联想的基础。菱湖风景区旅游目的地高知名度的形成，与品牌的广告投入及品牌整体营销宣传活动密不可分。

菱湖风景区旅游目的地品牌认知度为 20.62%，其与知名度的比值为 0.3157，不仅低于知名度的 33.33%，更低于知名度的 50%，说明菱湖风景区尚处于传播效果不足的阶段。在 65.32% 的高知名度下，消费者对菱湖风景区的品牌内涵的认知还不够充分，仅了解其品牌名称，对其品牌 LOGO、归属地、风景特色、文化内涵等方面均不明晰。

菱湖风景区旅游目的地品牌美誉度为 17.28%，已经突破美誉度的第一个关键点 1.62%，相对接近下一个关键点 27.91%。在此阶段，消费者口

碑的作用明显，并且消费者偏好越来越明显，已经出现有效的品牌自传播。

菱湖风景区旅游目的地品牌忠诚度为 12.61%。在此阶段，已出现消费者两次或两次以上到达菱湖风景区旅游的现象，说明其正向口碑部分转化为消费者忠诚度。其品牌忠诚度与品牌美誉度较为接近，说明其消费者口碑充分转化为消费者在旅游目的地选择时的忠诚效果。

菱湖风景区无论是按照国家标准《品牌评价 旅游目的地》（GB/T 39869—2021）还是按照品牌价值测算的修正思想，均难以测算出具有参考价值的品牌价值。为不影响本报告的整体价值，对这部分品牌仅按照《品牌评价 消费者感知测量指南》（GB/T 39071—2020）对品牌知名度、品牌认知度、品牌美誉度及品牌忠诚度关键指标以及品牌信息总量进行分析。

第七节　浮山

一、浮山简介

安徽浮山风景名胜区，位于安徽枞阳县中部偏北地区，白荡湖畔，北距合肥 120 千米，南距县城 30 千米，合（肥）铜（陵）黄（山）高速公路掠境而过。因有三面环水、如船浮渡的浮山而得名。古名浮渡山，与黄山、九华山、天柱山、齐云山、琅琊山并列，为安徽历史名山。浮山风景区包括浮山、白荡湖、白云岩三大景区，总面积 76.7 平方千米，主景区浮山面积为 19.1 平方千米。

二、浮山旅游目的地品牌的基础指标与分析

浮山旅游目的地品牌基础数据，如表 3−12 所示。

表 3–12　浮山旅游目的地品牌基础数据

指标 范围	知名度（%）	认知度（%）	美誉度（%）	忠诚度（%）	品牌信息总量估值（比特）
全国	51.23	12.92	10.78	14.09	1218996460

浮山品牌信息总量估值为 1218996460 比特，在全国范围内尚未成为大众熟知的品牌，具有一定的区域特征，但是浮山旅游目的地品牌已进入品牌的快速成长期。

浮山旅游目的地品牌知名度为 51.23%，已突破知名度的第三个关键点 37.50%。突破这一关键点的表现为消费者对其旅游目的地非常熟悉，并且认知程度深，能够准确辨识旅游目的地品牌 LOGO，大致描述出其旅游目的地内的风景和周边相关的旅游景点，也产生了明显的消费者区隔。在此基础上若有相应的认知度，一般会具有一定的联想度，使品牌的延伸成为可能。

浮山旅游目的地品牌认知度为 12.92%，未达到知名度的 33.33%，认知度不足，传播效果不充分。该品牌此时并不具有对消费者选择偏好的影响力，也未成为有效的竞争工具，不具有品牌联想度。

浮山旅游目的地品牌美誉度为 10.78%，已突破美誉度的第一个关键点。在突破这个关键点后，消费者的口碑作用逐渐凸显出来，消费者旅游偏好也越来越明显，在到过该景点旅游的消费者之间的传播也越来越广泛。这个阶段也属于旅游目的地品牌的有效自传播效应发生时期。浮山旅游目的地可以根据其社会热点，结合当地的特色和相关景区，合理把控品牌有效传播的骤增点。

浮山旅游目的地品牌忠诚度为 14.09%，已产生游客两次或两次以上到达该旅游目的地旅游的现象，但其忠诚度与美誉度相比高于美誉度，说明品牌美誉度产生的正向口碑已充分转化，游客在该景点游览之后对其服务和相关景色表示满意。

三、浮山旅游目的地品牌的价值测算

1. 主要参数及计算结果

对浮山的品牌价值测算主要依据国家标准《品牌评价 旅游目的地》(GB/T 39869—2021)，并完善了测量方法，将《品牌评价 旅游目的地》标准中五要素测算品牌强度的方法更换为各个信息总量 / 行业内品牌满信息量的方法，详细计算步骤见本书的第二章第二节，此处不再赘述。

浮山品牌价值测算结果，如表 3–13 所示。

表 3–13 浮山品牌价值测算结果

旅游区域	自身品牌信息量（比特）	100% 时品牌信息量（比特）	比值 α	比值 β	所在县第三产业产值（亿元）	品牌价值 V（亿元）
浮山	1218996460	24132817107	0.0505120	0.8611818	96.80	112.4036783

2. 浮山品牌价值测算结果分析

由表 3–13 可知，以浮山旅游目的地所在县的第三产业产值来计算其品牌价值，浮山的品牌价值为 112.4036783 亿元，这一结果在安徽省内旅游目的地排行中处于中等偏下水平。其原因可能在于浮山的品牌信息总量处于中等偏下水平状态，导致品牌强度系数和品牌折现率产生不理想的数值，虽然浮山所在市的旅游总收入不低，但是最终计算得到的品牌价值结果不理想。另外，浮山的品牌知名度和品牌认知度相差较大，且认知度未达到知名度的 33.33%，说明旅客对浮山的认知程度不高，品牌印象不深，未能记住浮山的独特象征性景色。

第四章

芜湖旅游目的地

第一节　芜湖方特

一、芜湖方特简介

芜湖方特欢乐世界，位于安徽省芜湖市镜湖区银湖北路 80 号，是一座以文化产业理念打造的主题乐园，也是第四代主题乐园。芜湖方特欢乐世界占地约 1.25 平方千米，由星际航班、神秘河谷、恐龙危机、海螺湾、儿童王国、聊斋等 10 多个主题项目区组成，于 2006 年 9 月 1 日正式开工建设，2007 年 10 月 18 日建成并开启试营业。2016 年 8 月 3 日，国家旅游局召开新闻发布会，批准安徽省芜湖市方特旅游区为 AAAAA 级景区。

二、芜湖方特旅游目的地品牌的基础指标与分析

芜湖方特旅游目的地品牌基础数据，如表 4–1 所示。

表 4–1　芜湖方特旅游目的地品牌基础数据

指标 范围	知名度 （%）	认知度 （%）	美誉度 （%）	忠诚度 （%）	品牌信息总量估值 （比特）
全国	56.17	26.13	11.77	15.11	1918804897

芜湖方特品牌信息总量估值为 1918804897 比特，在全国范围内属丁大规模品牌，形成了一定的影响力与知名度。该品牌目前处于品牌的成熟期，已经逐步褪去区域品牌的特征，正在向超大规模品牌演进。

芜湖方特旅游目的地品牌知名度为 56.17%，已突破知名度的第三个关键点 37.50%，说明半数以上的消费者对芜湖方特旅游目的地的熟悉程

度较高，不仅认知程度深，而且能够准确辨识出品牌 LOGO，能够大致描绘出其景点内的景色，还有相关景点的内容，已经产生了明显的消费者区隔。若有相应的认知度，该品牌一般会具有一定的联想度，使品牌延伸成为可能。

芜湖方特旅游目的地品牌认知度为 26.13%，未达到知名度的 50%，但其与知名度的比值为 0.4652，超过了知名度的 33.33%，表明芜湖方特旅游目的地的品牌传播有一定效果，但传播效果一般。

芜湖方特旅游目的地品牌美誉度为 11.77%，已突破美誉度的第一个关键点 1.62%，在突破这个关键点后，消费者的口碑作用逐渐凸显出来，消费者偏好越来越明显，消费者之间的传播也越来越广泛，但是品牌美誉度远低于认知度的情况是比较常见的，这是因为消费者形成了品牌内涵的认知，但没有形成对该品牌的赞许或口碑，可能是因为消费者在到访芜湖方特后体验感不佳，或是因为其他品牌的干扰，使得消费者即使对其有了充分认知也没有进入品牌自传播的程度。

芜湖方特旅游目的地品牌忠诚度为 15.11%，已经出现消费者两次或两次以上到达该旅游目的地旅游的现象，忠诚度高于美誉度，说明消费者对于该旅游目的地品牌的正向口碑全部转化为其品牌的忠诚度，也将部分消费者转化为该景点的强偏好型消费者。

三、芜湖方特旅游目的地品牌的价值测算

1. 主要参数及计算结果

对芜湖方特旅游景区的品牌价值测算主要依据国家标准《品牌评价 旅游目的地》（GB/T 39869—2021），并完善了测量方法，将《品牌评价 旅游目的地》标准中五要素测算品牌强度的方法更换为各个信息总量 / 行业内品牌满信息量的方法，详细计算步骤见本书的第二章第二节，此处不再赘述。

芜湖方特品牌价值测算结果，如表 4–2 所示。

表 4–2　芜湖方特品牌价值测算结果

旅游区域	自身品牌信息量（比特）	100% 时品牌信息量（比特）	比值 α	比值 β	单位品牌信息总量（亿 / 比特）	品牌价值 V（亿元）
芜湖方特	1918804897	24132817107	0.0795102	0.5470997	9.00987E–08	78.13479184

2. 芜湖方特品牌价值测算结果分析

由表 4–2 可知，根据品牌价值测算的修正思想，采取单位品牌信息总量（亿 / 比特）方式对品牌价值进行测算，得到芜湖方特的品牌价值为 78.13479184 亿元，在安徽省内旅游资源的品牌价值排行中处于一般水平。分析芜湖方特品牌基础数据，发现其知名度与忠诚度数据较为理想，认知度及其与知名度的比值、美誉度数据较为一般，但芜湖方特的品牌价值测算结果极为优异，原因可能在于芜湖方特游乐园的全国连锁性质，带动了安徽芜湖方特的品牌价值的溢价。同时，芜湖方特属于游乐园性质的旅游目的地，拥有不同风格的主题乐园，使其目标消费者涵盖范围较广，能够在一定程度上将高知名度转化为高忠诚度，进而抬高了芜湖方特的品牌价值及其在安徽省内旅游资源的品牌价值水平排位。

第二节　马仁奇峰森林旅游区

一、马仁奇峰森林旅游区简介

马仁奇峰森林旅游区位于长江南岸，安徽省繁昌、铜陵、南陵三县交界处。居皖南旅游带中部，素有“皖南门户”之称，为芜湖市唯一的省级森林公园。2006 年 12 月，被安徽省旅游局评为国家 AAAA 级旅游景区。2007 年 12 月被国家林业局评为国家级森林公园，后又被评为全国农业旅游示范点、全国青年文明号、安徽省级地质公园，被誉为“皖南张家界、江滨小黄山”。2014 年，马仁奇峰森林旅游区被评为第七批国家地质公园。

二、马仁奇峰森林旅游区旅游目的地品牌的基础指标与分析

马仁奇峰森林旅游区旅游目的地品牌基础数据，如表 4–3 所示。

表 4–3　马仁奇峰森林旅游区旅游目的地品牌基础数据

指标 范围	知名度 （%）	认知度 （%）	美誉度 （%）	忠诚度 （%）	品牌信息总量估值 （比特）
全国	13.43	5.59	1.33	4.26	220294651

马仁奇峰森林旅游区的品牌信息总量估值为 220294651 比特，其信息量估值结果在安徽省内排位较为靠后，是一个典型的区域性品牌，还不属于全国性的大规模品牌。

马仁奇峰森林旅游区旅游目的地品牌知名度为 13.43%，仅突破了知名度的第一个关键点 4.69%。此时马仁奇峰森林旅游区的品牌性质开始发生变化，当品牌知名度处于这一阶段时，对营销起到了明显的促进作用，超过半数的消费者有进一步认知马仁奇峰森林旅游区的意愿，也表现出到访同类旅游目的地的偏好，但是偏好表现比较弱，仅限于在同质同价、近似旅游目的地的选择中表现出明显的偏好。对异质异价、风格迥异的旅游目的地选择的影响不明显。

马仁奇峰森林旅游区旅游目的地品牌认知度为 5.59%，未达到知名度的 50%，但其与知名度的比值为 0.4162，超过了知名度的 33.33%，表明芜湖方特旅游目的地的品牌传播取得了一定效果，但传播效果一般。在

此阶段马仁奇峰森林旅游区旅游目的地品牌还不具有对消费者选择偏好的影响力，在竞争中作用不显著，不具有一定的联想度。

马仁奇峰森林旅游区旅游目的地品牌美誉度为 1.33%，未突破美誉度的第一个关键点 1.62%。品牌美誉度在 0 至 1.62% 之间属于极低的范围内，有少量消费者在自己进行消费者之间的传播和推荐，但数量极少，不具有明显的影响力。

马仁奇峰森林旅游区旅游目的地品牌忠诚度为 4.26%，已经出现了消费者两次或两次以上到达该景点旅游的现象，品牌忠诚度高于美誉度，说明其正向口碑全部转化为消费者品牌忠诚度，部分消费者转化为马仁奇峰森林旅游区旅游目的地强偏好消费者。

三、马仁奇峰森林旅游区旅游目的地品牌的价值测算

1. 主要参数及计算结果

对马仁奇峰森林旅游区的品牌价值测算主要依据国家标准《品牌评价 旅游目的地》（GB/T 39869—2021），并完善了测量方法，将《品牌评价 旅游目的地》标准中五要素测算品牌强度的方法更换为各个信息总量 / 行业内品牌满信息量的方法，详细计算步骤见本书的第二章第二节，此处不再赘述。

马仁奇峰森林旅游区品牌价值测算结果，如表 4–4 所示。

表 4–4　马仁奇峰森林旅游区品牌价值测算结果

旅游区域	自身品牌信息量（比特）	100% 时品牌信息量（比特）	比值 α	比值 β	单位品牌信息总量（亿 / 比特）	品牌价值 V（亿元）
马仁奇峰森林旅游区	220294651	24132817107	0.0091284	4.7653338	9.00987E−08	19.84826185

2. 马仁奇峰森林旅游区品牌价值测算结果分析

观察表 4–4 可知，根据品牌价值测算的修正思想，采取单位品牌信息总量（亿 / 比特）方式对品牌价值进行测算，得到马仁奇峰森林旅游区的品牌价值为 19.84826185 亿元，在全省旅游目的地的品牌价值排行中处于低水平状态。分析马仁奇峰森林旅游区品牌基础数据，发现除知名度数据相对较好外，认知度与知名度的比值、美誉度及忠诚度数据结果均较差，尤其是品牌美誉度，仅为 1.33%，甚至未能突破美誉度的第一个关键点，严重影响了美誉度向忠诚度的转化，进而使得马仁奇峰森林旅游区自身品牌信息量较低，最终导致其品牌价值目前与安徽省内其他旅游目的地品牌价值相差较大。

第三节　赭山风景区

一、赭山风景区简介

赭山公园位于安徽省芜湖市镜湖区，古人称赞赭山为江城“雄山”，历来享有“玉峰”“百尺浮图”之美誉，被视为芜湖的象征。赭山由大小两个山头构成，面积 47.87 公顷，周长 4.5 千米。清朝胡应翰在《一览亭记》中记述：“邑北诸山……则莫如赭阜为雄。山迤北益高，陡其巅则大江在襟带，而遥睇诸山，皆罗列如儿孙。”由于山势较高，风景优美，赭山是登高远眺、俯视江城的极佳境地。宋代以后，赭麓寺庙庵堂林立，酒馆莱社群建，博得历代游人香客的喜爱。“赭塔晴岚”为芜湖十景之首，久负盛名。赭山公园的景点主要包括：十二生肖园、广济寺、翠明园、动物园、儿童乐园、海盗船、大摆锤、摩天轮、双人飞天、赭山长城、喷泉、赭山寺、健身广场等。

二、赭山风景区旅游目的地品牌的基础指标与分析

赭山风景区旅游目的地品牌基础数据，如表 4–5 所示。

表 4–5　赭山风景区旅游目的地品牌基础数据

指标 范围	知名度 （%）	认知度 （%）	美誉度 （%）	忠诚度 （%）	品牌信息总量估值 （比特）
全国	44.96	12.54	13.26	13.67	1086574049

赭山风景区品牌信息总量估值为 1086574049 比特，具有一定的区域特征，并且在全国范围内尚未进入品牌的快速成长期，目前只进入品牌的成长阶段。

赭山风景区旅游目的地品牌知名度为 44.96%，已突破知名度的第三个关键点，突破这一关键点之后的表现为，消费者对品牌的认知程度深，能够准确描述出景点的相关内容，但对于整个景点的风景特征还不是特别了解，此时赭山风景区旅游目的地品牌已经具有对消费者选择偏好的影响力，但是在竞争中的作用尚未凸显出来。

赭山风景区旅游目的地品牌认知度为 12.54%，其与知名度的比值为 0.2789，认知度存在不足，有传播效果但尚不充分。在此阶段，赭山风景区旅游管理应该加大宣传力度，加强公共关系的处理，加深消费者的认知，提高自身的知名度，并不建议进行品牌延伸，该品牌还未具有一定的联想度。

赭山风景区旅游目的地品牌美誉度为 13.26%，已突破品牌美誉度的第一个关键点 1.62%。在突破这个关键点后，消费者的口碑作用逐渐凸显出来，正向口碑逐渐占据重要地位，消费者的选择偏好越来越明显，其美誉度与认知度相接近，说明该旅游目的地品牌的售后服务和景色使消费者产生部分正向口碑转化。

赭山风景区旅游目的地品牌忠诚度为 13.67%，略高于美誉度，说明

已经出现了消费者两次及两次以上到达该景点旅游的现象，并且其正向口碑充分转化为品牌的忠诚度，将消费者转化为其强偏好型消费者。

三、赭山风景区旅游目的地品牌的价值测算

1. 主要参数及计算结果

对赭山旅游景区的品牌价值测算主要依据国家标准《品牌评价 旅游目的地》（GB/T 39869—2021），并完善了测量方法，将《品牌评价 旅游目的地》标准中五要素测算品牌强度的方法更换为各个信息总量 / 行业内品牌满信息量的方法，详细计算步骤见本书的第二章第二节，此处不再赘述。

赭山风景区品牌价值测算结果，如表 4–6 所示。

表 4–6　赭山风景区品牌价值测算结果

旅游区域	自身品牌信息量（比特）	100% 时品牌信息量（比特）	比值 α	比值 β	单位品牌信息总量（亿 / 比特）	品牌价值 V（亿元）
赭山风景区	1086574049	24132817107	0.0450247	0.9661353	9.00987E−08	97.89891021

2. 赭山风景区品牌价值测算结果分析

观察表 4–6 可知，根据品牌价值测算的修正思想，采取单位品牌信息总量（亿 / 比特）方式对品牌价值进行测算，得到赭山风景区的品牌价值为 97.89891021 亿元，在全省旅游资源品牌价值排行中处于较好水平。分析赭山风景区品牌基础数据可知，其知名度在安徽省内旅游目的地中处于低等水平，且品牌信息总量仅为 1086574049 比特，使得品牌强度系数和品牌折现率都不是最理想的水平。赭山风景区的旅游总收入并不高，这也是导致该景点品牌价值不理想的重要原因，而其旅游总收入不高可能是因为其旅游扩展创收项目不多或不足以吸引旅客为其支付费用。

第五章

滁州旅游目的地

第一节　韭山洞

一、韭山洞简介

韭山洞位于安徽省滁州市凤阳县城南30千米的韭山国家森林公园内，因山峦多产野韭而得名，距今已有5亿年的地质历史，为喀斯特溶洞。此洞早在1500多年前《水经注》中已有记载。唐时就有很多人入洞探奇，并留下多处唐人题刻。南宋时抗金英雄王惟忠率众九万据山抗金，在山上垒石为城，现存有石垒城、石鸡亭、七里大寨等古战场遗址，洞右侧有石阶可攀缘而上。元末明太祖也曾据山屯兵，并收编了华云龙等农民起义军力量，南下滁阳统一中国。

二、韭山洞旅游目的地品牌的基础指标与分析

韭山洞旅游目的地品牌基础数据，如表5–1所示。

表5–1　韭山洞旅游目的地品牌基础数据

指标范围	知名度（%）	认知度（%）	美誉度（%）	忠诚度（%）	品牌信息总量估值（比特）
全国	32.28	12.30	0.84	13.25	624852420.3

韭山洞品牌信息总量估值为624852420.3比特，在全国范围内属于中等规模品牌，尚未完全褪去区域品牌的特征。

韭山洞旅游目的地品牌知名度为32.28%，超过了知名度的第二个关键点，说明半数消费者对该旅游目的地已有较深认知，表现在对异质异

价甚至风格不同的同类产品都有明显的购买意愿，形成了品牌偏好。

韭山洞旅游目的地品牌认知度为 12.30%，未达到知名度的 50%，但已突破知名度的 33.33%，认知度一般，传播效果一般，此时的韭山洞旅游目的地品牌已经具有对消费者选择偏好的影响力，但是在一定程度上未具有联想度，不适合进行品牌延伸。

韭山洞旅游目的地品牌美誉度为 0.84%，未能突破美誉度的一个关键点 1.62%，说明韭山洞旅游目的地尚处于品牌自传播效应极低的范围内。尽管当某一品牌的美誉度不为 0 时，说明已出现一部分消费者的推荐性口碑，但是美誉度数据不太理想，仅有极少量消费者自己进行传播和推荐，品牌自传播能力极弱。

韭山洞旅游目的地品牌忠诚度为 13.25%，此时已经出现了消费者两次或两次以上到达该旅游目的地旅游的现象，品牌忠诚度与美誉度相比，忠诚度高于美誉度，说明其已经转化为对景点的正向口碑。完全地转化为品牌的忠诚度，更多的部分则来自知名度和认知度的转化，也有一定数量的消费者转化为品牌的强偏好型消费者。

三、韭山洞旅游目的地品牌的价值测算

1. 主要参数及计算结果

对韭山洞的品牌价值测算主要依据国家标准《品牌评价 旅游目的地》(GB/T 39869—2021)，并完善了测量方法，将《品牌评价 旅游目的地》标准中五要素测算品牌强度的方法更换为各个信息总量 / 行业内品牌满信息量的方法，详细计算步骤见本书的第二章第二节，此处不再赘述。

韭山洞品牌价值测算结果，如表 5–2 所示。

表 5–2　韭山洞品牌价值测算结果

旅游区域	自身品牌信息量（比特）	100% 时品牌信息量（比特）	比值 α	比值 β	单位品牌信息总量（亿/比特）	品牌价值 V（亿元）
韭山洞	624852420.3	24132817107	0.0258922	1.6800408	9.00987E−08	56.29839125

2. 韭山洞品牌价值测算结果分析

由表 5–2 可知，根据品牌价值测算的修正思想，采取单位品牌信息总量（亿/比特）方式对品牌价值进行测算，得到韭山洞的品牌价值为 56.29839125 亿元。其原因在于韭山洞的基础数据指标均偏低，知名度仅为 32.28%，且美誉度仅为 0.84%，品牌信息总量估值为 624852420.3 比特，在安徽省旅游目的地品牌的排名中较靠后，这严重影响了韭山洞的品牌价值测算结果；但韭山洞距今已有 5 亿年的地质历史，为喀斯特溶洞，且在《水经注》中已有记载，造成其知名度偏低的原因可能是韭山洞没有为游客留下具有独特记忆点的景致，导致游客认知度较低。

第二节　皇甫山国家森林公园

一、皇甫山国家森林公园简介

皇甫山国家森林公园位于安徽省滁州市南谯区境内，处在南京、蚌埠、合肥三市之间，是皖东丘陵的“屋脊”。皇甫山古称曲亭山、北将军山，因南唐大将皇甫晖在此屯兵而得名。皇甫山国家森林公园地处北亚热带湿润性季风气候区，海拔 399.2 米，总面积 53273 亩（1 亩≈0.0667

公顷），森林覆盖率达 96%，具有江淮地区保存最完整、面积最大的原始次生林森林景观带，素有“华东西双版纳”之称。

二、皇甫山国家森林公园旅游目的地品牌的基础指标与分析

皇甫山国家森林公园旅游目的地品牌基础数据，如表 5–3 所示。

表 5–3 皇甫山国家森林公园旅游目的地品牌基础数据

指标 范围	知名度 （%）	认知度 （%）	美誉度 （%）	忠诚度 （%）	品牌信息总量估值 （比特）
全国	24.76	9.68	5.55	8.80	451894835.6

皇甫山国家森林公园品牌信息总量估值为 451894835.6 比特，在全国范围内属于中等规模品牌，尚未完全褪去区域品牌的特征，在向泛大众化品牌转变。

皇甫山国家森林公园旅游目的地品牌知名度为 24.76%，已具有较大范围的消费者知晓水平，品牌开始具有稳定的影响力，对营销的作用逐渐增强，但消费者对该品牌的认知深度或理解程度并不高，对皇甫山国家森林公园品牌在全国范围内的知名度的推广形成一定挑战。

皇甫山国家森林公园旅游目的地品牌认知度为 9.68%，其与知名度的比值为 0.3910，虽然未达到知名度的 50%，但超过了知名度的 33.33%，说明当前皇甫山国家森林公园品牌传播效果处于一般水平，未达到充分传播的条件。原因可能在于推广渠道选择不当或是推广内容不易识别，导致消费者对皇甫山国家森林公园品牌的内涵、风景特色、文化等内容并不了解，仅熟悉旅游目的地名称。

皇甫山国家森林公园旅游目的地品牌美誉度为 5.55%，已突破美誉度的第一个关键点 1.62%。在突破这个关键点后，消费者的口碑作用逐渐凸

显出来，但美誉度低于知名度和认知度，说明其口碑有一定转化，但尚未充分转化为对于该旅游目的地的正向口碑，可能是由于消费者在旅游体验感方面未能达到满意的程度。

皇甫山国家森林公园旅游目的地品牌忠诚度为 8.80%，说明已经出现消费者两次或两次以上到达皇甫山国家森林公园旅游的现象，且忠诚度高于美誉度，说明其中部分消费者是强偏好者。

三、皇甫山国家森林公园旅游目的地品牌的价值测算

1. 主要参数及计算结果

对皇甫山国家森林公园的品牌价值测算主要依据国家标准《品牌评价　旅游目的地》(GB/T 39869—2021)，并完善了测量方法，将《品牌评价　旅游目的地》标准中五要素测算品牌强度的方法更换为各个信息总量 / 行业内品牌满信息量的方法，详细计算步骤见本书的第二章第二节，此处不再赘述。

皇甫山国家森林公园品牌价值测算结果，如表 5–4 所示。

表 5–4　皇甫山国家森林公园品牌价值测算结果

旅游区域	自身品牌信息量（比特）	100% 时品牌信息量（比特）	比值 α	比值 β	单位品牌信息总量（亿 / 比特）	品牌价值 V（亿元）
皇甫山国家森林公园	451894835.6	24132817107	0.0187253	2.3230572	9.00987E−08	40.71513758

2. 皇甫山国家森林公园品牌价值测算结果分析

观察表 5–4 可知，根据品牌价值测算的修正思想，采取单位品牌信息总量（亿 / 比特）方式对品牌价值进行测算，得到皇甫山国家森林公园的

品牌价值为40.71513758亿元，低于100亿元。分析其基础数据可知，其原因在于皇甫山国家森林公园的知名度、认知度、美誉度和忠诚度均处于低水平，并且自身品牌信息总量也偏低，导致其品牌强度系数和品牌折现率的数值均远未达到理想状态。皇甫山国家森林公园所在市的旅游总收入也处于偏低水平，导致其品牌价值测算结果不理想。皇甫山作为国家森林公园，其森林覆盖率达到96%，并免费向旅客开放，这对于热爱自然、追求健康生活的旅客来说一定是绝佳的旅游目的地。造成皇甫山国家森林公园知名度偏低的原因可能是为了保护森林植被，景区内的基础设施建设不完备，并且没有相应的宣传制度，导致其各项指标均处于偏低状态。

第三节　明皇陵

一、明皇陵简介

明皇陵位于安徽省滁州市凤阳县城南7千米处，是明朝开国皇帝朱元璋为其父母和兄嫂而修建。初建之时占地约2万余亩（1亩≈0.0667公顷），于元至正二十六年（公元1366年）始建，洪武十二年（公元1379年）竣工。洪武二年，荐号英陵，后改称皇陵。明皇陵主要有皇城、砖城、土城三道，殿宇、房舍千余间，以及陵丘、石刻群等。明末以来，人为破坏和风雨侵蚀，使宫阙殿宇废为遗址，现仅存陵丘及石刻群。明皇陵与南京明孝陵和北京明十三陵为同一制度，明皇陵虽非帝王之陵，但“宫阙殿宇，壮丽森严”，享殿、斋宫、官厅数百间，皇陵神道总长257米，石像生32对，皇陵碑文为朱元璋亲撰，石像生数量之多、刻工之精美为历代帝王陵之冠，其艺术风格绝妙，堪称上承宋元、下启明清的大型石雕艺术精品。1982年，明中都皇故城及皇陵石刻被国务院列为第二批全国重点文物保护单位。

二、明皇陵旅游目的地品牌的基础指标与分析

明皇陵旅游目的地品牌基础数据，如表5–5所示。

表5–5　明皇陵旅游目的地品牌基础数据

指标 范围	知名度 （%）	认知度 （%）	美誉度 （%）	忠诚度 （%）	品牌信息总量估值 （比特）
全国	44.86	23.06	9.65	18.80	1086395218

明皇陵品牌信息总量估值为1086395218比特，属于大规模品牌，在全国范围内具有一定的影响力。

明皇陵旅游目的地品牌知名度为44.86%，突破了知名度的第三个关键点37.50%。突破这一关键点之后，半数以上的消费者表现出对该品牌非常熟悉，说明已有充分的消费者认知和联想的基础，以及充分的认知度基础。

明皇陵旅游目的地品牌认知度为23.06%，其与知名度的比值为0.5140，超过知名度的50%，品牌传播效果较为充分。品牌认知度达到此阈值，说明明皇陵旅游目的地品牌已有了充分的消费者认知和联想的基础，可以判断，该旅游目的地品牌已经具备了品牌联想和延伸的基本条件，可以进行品牌延伸管理的尝试。在此阶段，品牌极易发生品牌自传播现象。

明皇陵旅游目的地品牌美誉度为9.65%，已突破美誉度的第一个关键点1.62%。在突破这个关键点后，消费者的口碑作用逐渐凸显出来，消费者偏好越来越明显，消费者之间的传播也越来越广泛。这个阶段也属于品牌有效自传播效应发生时期，在这一时期内品牌极易发生品牌自传播骤增现象，但每一个品牌的骤增点不确定，明皇陵可以根据自己的景点特征和相关的社会热点来把控品牌的骤增点。

明皇陵旅游目的地品牌忠诚度为18.80%，已经出现消费者两次或两次以上到达该景点旅游的现象，说明明皇陵旅游目的地品牌的正向口碑充分转化为消费者对于品牌的选择，也将一部分消费者转化为偏好型消费者和强偏好型消费者，同时由美誉度而来的正向口碑已经转化为品牌的忠诚度。

三、明皇陵旅游目的地品牌的价值测算

1. 主要参数及计算结果

对明皇陵的品牌价值测算主要依据国家标准《品牌评价 旅游目的地》（GB/T 39869—2021），并完善了测量方法，将《品牌评价 旅游目的地》标准中五要素测算品牌强度的方法更换为各个信息总量 / 行业内品牌满信息量的方法，详细计算步骤见本书的第二章第二节，此处不再赘述。

明皇陵品牌价值测算结果，如表5–6所示。

表5–6 明皇陵品牌价值测算结果

旅游区域	自身品牌信息量（比特）	100%时品牌信息量（比特）	比值 α	比值 β	单位品牌信息总量（亿/比特）	品牌价值 V（亿元）
明皇陵	1086395218	24132817107	0.0450173	0.9662943	9.00987E–08	97.88279764

2. 明皇陵品牌价值测算结果分析

观察表5–6可知，根据品牌价值测算的修正思想，采取单位品牌信息总量（亿 / 比特）方式对品牌价值进行测算，得到明皇陵的品牌价值为97.88279764亿元，在安徽省内旅游目的地品牌价值排行中处于靠后位置。分析其基础数据，明皇陵的品牌知名度和美誉度一般，但认知度和忠诚度达到良好水平，明皇陵的自身品牌信息总量处于偏低水平，且该景点所在市的旅游总收入偏低，最终导致品牌价值测算结果不理想。明皇陵

作为第二批全国重点文物保护单位，具有悠久的文化历史，但人为破坏和风雨侵蚀使其破损严重，加之周围未形成旅游风景区价值链，导致游客较少，使得其品牌价值偏低。

第四节 凤阳狼巷迷谷景区

一、凤阳狼巷迷谷景区简介

凤阳狼巷迷谷景区位于安徽省滁州市凤阳县城东南30千米处，面积约9平方千米，距合蚌公路20千米，距合徐高速25千米，距蚌宁高速50千米，距京沪铁路42千米，交通便捷。景区分为古刹礼佛和迷谷探奇两大主题，主要景点有禅窟古刹、禅窟洞天、玉泉净心、摩崖石刻、谷中黄山、天落石、狼牙巷、瘦人谷、响石谷、千层岩、摩腹巷等50多处。

二、凤阳狼巷迷谷景区旅游目的地品牌的基础指标与分析

凤阳狼巷迷谷景区旅游目的地品牌基础数据，如表5–7所示。

表5–7 凤阳狼巷迷谷景区旅游目的地品牌基础数据

指标范围	知名度（%）	认知度（%）	美誉度（%）	忠诚度（%）	品牌信息总量估值（比特）
全国	52.08	16.72	9.87	14.45	1375003856

凤阳狼巷迷谷景区品牌信息总量估值为1375003856比特，在全国范围内属于大规模品牌，逐步褪去区域品牌的特征，品牌的目标消费者和其他消费者对该品牌的认知程度差异已缩小到很不明显的程度。

凤阳狼巷迷谷景区旅游目的地品牌的知名度为52.08%，已突破知名度的第三个关键点37.50%，说明消费者对该旅游景点非常熟悉，并且具有较深的认知，具有一定的联想度，使品牌延伸成为可能。

凤阳狼巷迷谷景区旅游目的地品牌的认知度为16.72%，未达到知名度的33.33%，说明在此阶段该旅游景点的品牌认知度不足，传播效果不充分，可能是在宣传过程中没有投入大量的精力或成本的原因，需要加大广告宣传力度，以获得有效传播。

凤阳狼巷迷谷景区旅游目的地品牌的美誉度为9.87%，已突破美誉度的第一个关键点1.62%，消费者的口碑作用逐渐凸显出来，消费者偏好越来越明显，消费者之间的传播也越来越广泛，已经有部分消费者口碑转化为消费者的正向口碑。品牌美誉度相比其认知度来讲，差距较大，并且美誉度较低。此现象说明，消费者在其旅游景区旅游后尚未全部转化为消费者的正向口碑。

凤阳狼巷迷谷景区旅游目的地品牌的忠诚度为14.45%，已经出现消费者两次或两次以上到该旅游目的地旅游的现象，在此基础上，消费者的正向口碑充分转化为品牌的忠诚度，并且对品牌的营销宣传活动起到了支撑作用。

三、凤阳狼巷迷谷景区旅游目的地品牌的价值测算

1. 主要参数及计算结果

对凤阳狼巷迷谷风景区的品牌价值测算主要依据国家标准《品牌评价 旅游目的地》（GB/T 39869—2021），并完善了测量方法，将《品牌评价 旅游目的地》标准中五要素测算品牌强度的方法更换为各个信息总量/行业内品牌满信息量的方法，详细计算步骤见本书的第二章第二节，此处不再赘述。

凤阳狼巷迷谷景区品牌价值测算结果，如表5–8所示。

表 5–8 凤阳狼巷迷谷景区品牌价值测算结果

旅游区域	自身品牌信息量（比特）	100% 时品牌信息量（比特）	比值 α	比值 β	单位品牌信息总量（亿 / 比特）	品牌价值 V（亿元）
凤阳狼巷迷谷景区	1375003856	24132817107	0.0569765	0.7634724	9.00987E−08	123.886061

2. 凤阳狼巷迷谷景区品牌价值测算结果分析

观察表 5–8 可知，根据品牌价值测算的修正思想，采取单位品牌信息总量（亿 / 比特）方式对品牌价值进行测算，得到凤阳狼巷迷谷景区的品牌价值约为 123.886061 亿元，低于 500 亿元，在全省旅游目的地的品牌价值排行中处于较低水平。分析凤阳狼巷迷谷景区品牌基础数据，发现除认知度与知名度的比值低于 33.33% 导致消费者对凤阳狼巷迷谷景区的认知程度不足外，其知名度、美誉度及忠诚度数据均为良好，尤其是知名度达到 52.08%，但凤阳狼巷迷谷风景区的品牌信息总量在安徽省内旅游目的地中排名较低，以致其品牌强度系数和品牌折现率数值不理想，最终导致品牌价值测算结果未能达到理想状态。

第五节 小岗村乡村旅游区

一、小岗村乡村旅游区简介

小岗村乡村旅游区现为国家 AAAA 级旅游景区，位于凤阳县东部 28 千米处，距南洛高速凤阳出口 15 千米。全村现有 849 户 3823 人，土地面积 13700 亩（1 亩≈0.0667 公顷）。

1978年12月，小岗村18户农民以“敢为天下先”的胆识，按下了18颗红手印，搞起了“大包干”，掀开了中国农村改革的序幕，由此小岗村成为中国农村改革的发祥地。经过多年的开发建设，旅游业已成为带动小岗村经济发展的重要产业之一。目前已建成大包干纪念馆、当年农家、村文化广场、葡萄采摘园、蘑菇大棚和高效生态农业示范园等景点并对外开放，配套建设有游客服务中心、购物商店、旅游厕所等旅游设施，为游客提供了葡萄采摘、踩水车、推磨等参与性旅游项目，旅游内容十分丰富。小岗村品牌响，全国知名度高。30年以来，先后接待了党和国家领导人以及30多个国家和地区的来宾及大批国内外旅游者，成为安徽省、滁州市爱国主义教育基地，获得了“中国十大名村”“安徽省历史文化名村”“安徽省农家乐旅游示范点”等称号。

二、小岗村乡村旅游区旅游目的地品牌的基础指标与分析

小岗村乡村旅游区旅游目的地品牌基础数据，如表5–9所示。

表5–9　小岗村乡村旅游区旅游目的地品牌基础数据

指标 范围	知名度 （%）	认知度 （%）	美誉度 （%）	忠诚度 （%）	品牌信息总量估值 （比特）
全国	65.00	26.92	15.26	15.36	1690774572

小岗村乡村旅游区品牌信息总量估值为1690774572比特，在全国范围内属于大规模品牌，在全国主要地区的信息量分布比较均匀，品牌的目标消费者和其他消费者对该品牌的认知程度差异已缩小到很不明显的程度。

小岗村乡村旅游区旅游目的地品牌知名度为65.00%，已经突破知名度的第四个关键点。达到此关键点以上的品牌可以称之为高知名度品牌，已经具有充分的消费者认知和联想的基础，说明该旅游目的地在前期对

品牌进行了一定的广告投入和营销宣传，在此阶段极有可能产生品牌自我传播现象，并且此时品牌具有的知名度已经饱和。

小岗村乡村旅游区旅游目的地品牌认知度为 26.92%，其与知名度的比值为 0.4142，虽然未达到知名度的 50%，但远超过知名度的 33.33%，传播效果较好。达到此知名度的旅游目的地，消费者对此类品牌一般会具有一定的联想度，使品牌的延伸成为可能。此时的品牌也具有了对消费者选择偏好的影响力，其性质为有用的竞争工具，具有竞争优势。

小岗村乡村旅游区旅游目的地品牌美誉度为 15.26%，远远超过美誉度的第一个关键点 1.62%。在突破这个关键点后，消费者的口碑作用逐渐凸显出来，消费者的偏好越来越明显，消费者之间的传播也越来越广泛。在此阶段属于有效自传播效应发生时期，处于这一时期的品牌极易发生品牌自传播骤增现象，但品牌的骤增点不确定。小岗村乡村旅游区可以结合其历史背景和社会热点，把控品牌自传播效应的骤增点。

小岗村乡村旅游区旅游目的地品牌忠诚度为 15.36%，忠诚度数据较好，出现了消费者两次或两次以上到达该旅游目的地旅游的现象，并且品牌忠诚度高于美誉度，说明其美誉度转化为正向口碑效果较为理想，部分消费者转变为强偏好型消费者。

三、小岗村乡村旅游区旅游目的地品牌的价值测算

1. 主要参数及计算结果

对小岗村乡村旅游区的品牌价值测算主要依据国家标准《品牌评价 旅游目的地》（GB/T 39869—2021），并完善了测量方法，将《品牌评价 旅游目的地》标准中五要素测算品牌强度的方法更换为各个信息总量 / 行业内品牌满信息量的方法，详细计算步骤见本书的第二章第二节，此处不再赘述。

小岗村乡村旅游区品牌价值测算结果，如表 5–10 所示。

表 5–10　小岗村乡村旅游区品牌价值测算结果

旅游区域	自身品牌信息量（比特）	100% 时品牌信息量（比特）	比值 α	比值 β	所在县第三产业产值（亿元）	品牌价值 V（亿元）
小岗村乡村旅游区	1690774572	24132817107	0.0700612	0.6208856	188.7946	304.0730969

2. 小岗村乡村旅游区品牌价值测算结果分析

由表 5–10 可知，以小岗村所在县的第三产业产值测算品牌价值，得到小岗村乡村旅游区品牌价值为 304.0730969 亿元，刚突破 300 亿元。其原因在于小岗村乡村旅游区的品牌知名度较高，为 65.00%，且品牌认知度虽未达到知名度的 50%，但也超过了 40%，属于较高水平。小岗村作为中国历史上第一个实行家庭联产承包责任制的村落，在中国具有非常广泛的影响力，但该景点所在市的旅游总收入偏低，可能是因为小岗村乡村旅游区是免费开放，未能为所在市创造收入，这也是影响品牌价值测算结果的重要因素。

第六节　白鹭岛风景区

一、白鹭岛风景区简介

白鹭岛风景区是安徽省省级森林公园，位于安徽省来安县城西北 13 千米处，距古都南京 50 千米，景区总占地面积 4.2 万亩（1 亩≈0.0667 公顷），森林覆盖率 90%，是滁州市唯一一家荣获安徽省省级旅游度假区称号的风景区。近年来，滁州市来安县政府按照“树立精品，培育特色”

的标准，以“生态旅游”为发展理念，遵循可持续发展的原则，以更高的地位、更新的思路、更宽的视野、更实的举措推动生态环境保护与休闲度假的有机结合，积极打造“休闲胜地、养生天堂”，遵照“面向南京、合肥、扬州，吸引苏、锡、常、沪”的原则，努力把白鹭岛风景区建成一个集休闲娱乐、旅游度假、花果茶鸟购销为一体的国家级森林公园。

二、白鹭岛风景区旅游目的地品牌的基础指标与分析

白鹭岛风景区旅游目的地品牌基础数据，如表5-11所示。

表5-11　白鹭岛风景区旅游目的地品牌基础数据

指标 范围	知名度（%）	认知度（%）	美誉度（%）	忠诚度（%）	品牌信息总量估值（比特）
全国	33.41	11.56	4.24	15.38	637115390

白鹭岛风景区品牌信息总量估值为637115390比特，在全国范围内属于中等规模品牌，逐步向泛大众品牌转化。

白鹭岛风景区旅游目的地品牌知名度为33.41%，突破知名度的第二个关键点16.13%。突破这个关键点意味着，半数消费者对白鹭岛风景区旅游目的地品牌已有较深的认知，表现在对异质异价甚至风格不同的同类产品都有明显的购买意愿，已经形成了品牌偏好。

白鹭岛风景区旅游目的地品牌认知度为11.56%，超过知名度的33.33%，但未能达到知名度的50%，表明白鹭岛风景区当前的品牌传播效果一般。当前白鹭岛风景区规避了品牌传播效果不足的风险，其品牌传播效果一般，可能是传播内容不符合品牌定位，抑或是媒体选择不当的结果，需要旅游目的地的管理者进行适度调整。

白鹭岛风景区旅游目的地品牌美誉度为4.24%，相对较低，远低于其认知度和知名度，说明当前消费者对白鹭岛风景区的品牌内涵形成了一定

的认知，但没有形成对该品牌的赞许或口碑，或许是因为消费者在白鹭岛风景区游玩后并没有形成良好的体验感，或许是因为其他品牌的干扰导致其美誉度降低，但其美誉度已突破第一个关键点 1.62%。在突破这个关键点后，消费者口碑的作用逐渐凸显出来，消费者之间的传播越来越广泛，消费者偏好也越来越明显，在这一阶段极易发生有效的自传播效应。

白鹭岛风景区旅游目的地品牌忠诚度为 15.38%，已经出现了消费者两次或两次以上到达白鹭岛风景区旅游的现象，说明其旅游目的地的正向口碑已充分转化为消费者对于品牌的选择，也将一部分消费者转化为偏好型消费者和强偏好型的消费者。同时由品牌美誉度而来的正向口碑已经转化为品牌的忠诚度，品牌知名度与认知度的贡献值也较高，使白鹭岛风景区品牌忠诚度数据明显高于品牌美誉度。

三、白鹭岛风景区旅游目的地品牌的价值测算

1. 主要参数及计算结果

对白鹭岛风景区旅游景区的品牌价值测算主要依据国家标准《品牌评价 旅游目的地》（GB/T 39869—2021），并完善了测量方法，将《品牌评价 旅游目的地》标准中五要素测算品牌强度的方法更换为各个信息总量 / 行业内品牌满信息量的方法，详细计算步骤见本书的第二章第二节，此处不再赘述。

白鹭岛风景区品牌价值测算结果，如表 5–12 所示。

表 5–12 白鹭岛风景区品牌价值测算结果

旅游区域	自身品牌信息量（比特）	100% 时品牌信息量（比特）	比值 α	比值 β	单位品牌信息总量（亿 / 比特）	品牌价值 V（亿元）
白鹭岛风景区	637115390	24132817107	0.0264004	1.6477040	9.00987E−08	57.40326889

2. 白鹭岛风景区品牌价值测算结果分析

由表 5−12 可知，根据品牌价值测算的修正思想，采取单位品牌信息总量（亿 / 比特）方式对品牌价值进行测算，得到白鹭岛风景区的品牌价值约为 57.40326889 亿元，低于 100 亿元，在安徽省内旅游目的地的品牌价值排行中不具有竞争优势。究其原因，首先在于自身品牌信息量估值只有 637115390 比特，品牌规模较小。其次，白鹭岛风景区品牌知名度虽然达到 33.41%，属于知名度尚且理想的区域性品牌，但认知度与知名度的比值，即认知度的阈值仅为 0.3460，品牌传播效果一般，进而影响了美誉度数据，只达到 4.24%。尽管品牌忠诚度数据较高，但白鹭岛风景区难以突破区域性品牌局限，其消费者或者访客绝大多数为当地居民，加之滁州地区的整体旅游收入不高，最终使得白鹭岛风景区的品牌价值在全省旅游目的地品牌价值排行中地位较低。

第七节　琅琊山风景名胜区

一、琅琊山风景名胜区简介

琅琊山风景名胜区位于安徽省东部滁州市境内，古名摩陀岭，系大别山向东延伸的一支余脉。这里自然风光秀美，人文景观丰富，集自然景观和人文景观于一体，自古有“皖东第一名胜”之赞誉。琅琊山享有“蓬莱之后无别山”“皖东明珠”之美誉，因盛产多种中药材，而被誉为“天然药圃”。琅琊山风景名胜区内有醉翁亭、琅琊阁、城西湖、姑山湖、胡古等景点。自宋代以来，琅琊山一直是皖东有名的历史胜境。1988 年 8 月，经国务院批准，确定琅琊山风景名胜区为国家重点风景名胜区。琅琊山森林公园是首批被国家林业局确定的国家森林公园，2001 年 1 月 11

日成为全国首批国家 AAAA 级旅游景区。

二、琅琊山风景名胜区旅游目的地品牌的基础指标与分析

琅琊山风景名胜区旅游目的地品牌基础数据，如表 5–13 所示。

表 5–13　琅琊山风景名胜区旅游目的地品牌基础数据

指标范围	知名度（%）	认知度（%）	美誉度（%）	忠诚度（%）	品牌信息总量估值（比特）
全国	51.04	29.35	0.46	35.03	1370968962

琅琊山风景名胜区品牌信息总量估值为 1370968962 比特，在全国范围内属于大规模品牌，逐步褪去区域性品牌的特征。

琅琊山风景名胜区旅游目的地品牌知名度为 51.04%，已经突破知名度的第三个关键点 37.50%。突破这一关键点的表现为，半数以上的消费者对其非常熟悉。结合认知度数据，发现琅琊山风景名胜区的消费者认知程度深，并且能够准确辨识其 LOGO，能够大致描绘出其广告内容、品牌内涵或者产品风格，已经对其产品有了一定的了解，产生了明显的消费者区隔。在此阶段应当是前期广告投入和铺垫产生的效果。

琅琊山风景名胜区旅游目的地品牌认知度为 29.35%，其与知名度的比值高达 0.5750，超过知名度的 50%，表明琅琊山风景名胜区的品牌传播效果充分有效。在此阶段，品牌具有了一定的联想度，使品牌延伸成为可能，此时品牌具有的知名度未达到饱和，品牌的性质为有用的竞争工具，在竞争中作用明显。

琅琊山风景名胜区旅游目的地品牌美誉度为 0.46%，未突破美誉度的第一个关键点 1.62%。品牌美誉度数据较差，说明琅琊山风景名胜区旅游目的地目前尚处于品牌自传播效应极低的范围。尽管当某一品牌的美誉度

不为0时，说明出现了一部分消费者的推荐性口碑，但是美誉度数据不太理想，仅有极少量消费者自己进行传播和推荐，品牌自传播能力极弱，这可能与琅琊山风景名胜区旅游目的地的配套设施较差有关，游客在到访琅琊山风景名胜区后未能获得较好的体验感而造成该品牌美誉度较低。

琅琊山风景名胜区旅游目的地品牌忠诚度为35.03%，已出现消费者两次或两次以上到达该旅游目的地旅游的现象，并且品牌忠诚度高于美誉度，说明其正向口碑已充分转化为品牌的忠诚度。此外，琅琊山风景名胜区在全国范围内的品牌忠诚度远高于美誉度，说明该品牌目前仍是一个典型的地域性品牌，重复消费的消费来源主要为当地消费者，目前尚不具备发展成一个全国性质的旅游目的地的绝佳条件。

三、琅琊山风景名胜区旅游目的地品牌的价值测算

1. 主要参数及计算结果

对琅琊山风景名胜区旅游景区的品牌价值测算主要依据国家标准《品牌评价 旅游目的地》（GB/T 39869—2021），并完善了测量方法，将《品牌评价 旅游目的地》标准中五要素测算品牌强度的方法更换为各个信息总量 / 行业内品牌满信息量的方法，详细计算步骤见本书的第二章第二节，此处不再赘述。

琅琊山风景名胜区品牌价值测算结果，如表5–14所示。

表5–14　琅琊山风景名胜区品牌价值测算结果

旅游区域	自身品牌信息量（比特）	100%时品牌信息量（比特）	比值 α	比值 β	单位品牌信息总量（亿 / 比特）	品牌价值 V（亿元）
琅琊山风景名胜区	1370968962	24132817107	0.0568093	0.7657194	9.00987E–08	123.5225223

2. 琅琊山风景名胜区品牌价值测算结果分析

观察表 5–14 可知，根据品牌价值测算的修正思想，采取单位品牌信息总量（亿 / 比特）方式对品牌价值进行测算，得到琅琊山风景名胜区的品牌价值为 123.5225223 亿元，总体来看，其品牌价值的绝对值在安徽省内旅游目的地中并不属于优秀水平，与其全国范围内的 51.04% 的较高知名度也略有出入。导致琅琊山风景名胜区品牌价值较低的原因可能在于其极低的品牌美誉度。由表 5–13 所示的琅琊山风景名胜区旅游目的地品牌基础数据可知，品牌美誉度只有 0.46%，甚至未突破美誉度的第一个关键点 1.62%，令其品牌信息总量估值较低，最终导致其严重影响琅琊山风景名胜区最终的品牌价值测算结果。

第六章

六安旅游目的地

第一节　天堂寨

一、天堂寨简介

天堂寨位于安徽省六安市金寨县与湖北省罗田县交界处，是国家AAAAA级旅游景区。天堂寨古称“多云山”，最高峰海拔1729.13米，为大别山主峰之一，古称“吴楚东南第一关”，景区内有大小瀑布108道，其中落差达50米以上的有18道。天堂寨所处的大别山，是中国南北水系的分水岭，山北水往北流注入淮河，山南水往南流注入长江，所以在天堂寨峰顶北可望中原，南可眺荆楚，海拔1729米的天堂顶有一口天塘，塘水不溢不涸，俗称“瑶池”。天堂寨总面积为120平方千米，境内千米以上的高峰25座，天堂寨最高峰为大别山主峰之一，其主要景点有白马大峡谷、龙剑峰、白马峰、瀑布群等。

二、天堂寨旅游目的地品牌的基础指标与分析

天堂寨旅游目的地品牌基础数据，如表6–1所示。

表6–1　天堂寨旅游目的地品牌基础数据

指标 范围	知名度（%）	认知度（%）	美誉度（%）	忠诚度（%）	品牌信息总量估值（比特）
全国	60.01	11.41	11.93	14.91	1376924526

天堂寨品牌信息总量估值为1376924526比特，在全国范围内属于大规模品牌。

天堂寨旅游目的地品牌的知名度为60.01%，已经非常接近知名度

的第四个关键点 61.80%，但尚未突破此关键点。此时的品牌表现为半数以上的消费者对其表示非常熟悉，不仅认知程度深，而且能够辨识其 LOGO，大致描述广告内容、品牌内涵或产品风格，产生了明显的消费者区隔，有了相应的认知度，该品牌具有一定的联想度基础形成的条件。

天堂寨旅游目的地品牌认知度为 11.41%，未达到知名度的 33.33%，认知度不足，传播效果不充分。在此基础上，该品牌还未具有联想度，品牌还不能进行延伸。由于其知名度相对较低，不建议进行大规模的品牌延伸活动。

天堂寨旅游目的地品牌美誉度为 11.93%，已突破美誉度的第一个关键点 1.62%。在突破这个关键点后，消费者的口碑作用逐渐凸显出来，消费者偏好越来越明显，消费者之间的传播也越来越广泛，但是品牌美誉度远低于其知名度，并且差距较大，说明消费者的认知只有部分转化为消费者对于此旅游目的地品牌的正向口碑，其余部分尚未转化为有效的正向口碑。

天堂寨旅游目的地品牌忠诚度为 14.91%，虽然消费者对于该旅游目的地的认知尚未全部转化为正向口碑，但是已经转化的正向口碑充分转化为品牌的忠诚度，将部分消费者变为该品牌的强偏好型消费者。

三、天堂寨旅游目的地品牌的价值测算

1. 主要参数及计算结果

对天堂寨旅游景区的品牌价值测算主要依据国家标准《品牌评价 旅游目的地》（GB/T 39869—2021），并完善了测量方法，将《品牌评价 旅游目的地》标准中五要素测算品牌强度的方法更换为各个信息总量 / 行业内品牌满信息量的方法，详细计算步骤见本书的第二章第二节，此处不再赘述。

天堂寨品牌价值测算结果，如表 6–2 所示。

表 6–2　天堂寨品牌价值测算结果

旅游区域	自身品牌信息量（比特）	100% 时品牌信息量（比特）	比值 α	比值 β	单位品牌信息总量（亿 / 比特）	品牌价值 V（亿元）
天堂寨	13769245326	24132817107	0.0570561	0.7624075	9.00987E–08	124.0591109

2. 天堂寨品牌价值测算结果分析

观察表 6–2 可知，根据品牌价值测算的修正思想，采取单位品牌信息总量（亿 / 比特）方式对品牌价值进行测算，得到天堂寨的品牌价值为 124.0591109 亿元，低于 300 亿元，在安徽省内全部旅游目的地的品牌价值排行中处于中等水平。天堂寨拥有 60.01% 的高知名度，但是品牌价值并未达到优秀水平，表明六安市应在今后进一步加强全市旅游目的地的管理，创造多元化的旅游收入，才能进一步地提升如天堂寨这样的极具特色、差异性显著的旅游目的地的品牌价值。

第二节　佛子岭

一、佛子岭简介

佛子岭镇隶属安徽省六安市霍山县，地处霍山县中部，东与衡山镇、单龙寺乡接壤，南连磨子潭镇、大化坪镇，西北与黑石渡镇为邻，区域总面积 127 平方千米。截至 2019 年年末，佛子岭镇户籍人口数为 16869 人。中华人民共和国成立初为佛子岭乡；1984 年，设立佛子岭镇。截至 2020 年 6 月，佛子岭镇辖 1 个社区、5 个行政村，镇人民政府驻佛子岭社区。截至 2019 年年末，佛子岭镇有工业企业 15 个，其中规模以上企业 1 个，有营业面积 50 平方米以上的综合商店或超市 36 个。

二、佛子岭旅游目的地品牌的基础指标与分析

佛子岭旅游目的地品牌基础数据，如表 6–3 所示。

表 6–3　佛子岭旅游目的地品牌基础数据

指标 范围	知名度 （%）	认知度 （%）	美誉度 （%）	忠诚度 （%）	品牌信息总量估值 （比特）
全国	48.13	10.78	10.57	13.81	1342220777

佛子岭品牌信息总量估值为 1342220777 比特，在全国范围内属于大规模品牌，在消费者之间品牌的认知度较高。

佛子岭旅游目的地品牌知名度为 48.13%，已突破知名度的第三个关键点 37.50%。突破这一关键点的表现为，半数以上的消费者对其表示非常熟悉，不仅认知程度深，而且能准确辨识其旅游目的地的品牌 LOGO，能够大致描述出旅游目的地的风景、服务以及相关特色，产生了明显的消费者区隔。若有相应的认知度，该品牌一般会具有一定的联想度，使品牌具有延伸的可能。

佛子岭旅游目的地品牌认知度为 10.78%，未达到知名度的 33.33%，认知度不足，认知不充分，传播效果一般。此时佛子岭旅游目的地还不具有对消费者的选择偏好的影响力。

佛子岭旅游目的地品牌美誉度为 10.57%，已经突破美誉度的第一个关键点 1.62%。在突破这个关键点后，消费者的口碑作用逐渐凸显出来，消费者偏好越来越明显，消费者之间的传播也越来越广泛，但是美誉度与其认知度相比低于其认知度，并且差距较大，说明消费者在该景点旅游后，消费者口碑未能充分转化为消费者的正向口碑。

佛子岭旅游目的地品牌忠诚度为 13.81%，已经出现消费者两次或两

次以上到达该旅游目的地旅游的现象，品牌忠诚度与美誉度相比高于美誉度，说明其口碑的美誉度充分转化为品牌的忠诚度，也对该旅游目的地的营销和相关发展宣传起到了支撑作用。

三、佛子岭旅游目的地品牌的价值测算

1. 主要参数及计算结果

对佛子岭旅游景区的品牌价值测算主要依据国家标准《品牌评价 旅游目的地》（GB/T 39869—2021），并完善了测量方法，将《品牌评价 旅游目的地》标准中五要素测算品牌强度的方法更换为各个信息总量 / 行业内品牌满信息量的方法，详细计算步骤见本书的第二章第二节，此处不再赘述。

佛子岭品牌价值测算结果，如表 6–4 所示。

表 6–4　佛子岭品牌价值测算结果

旅游区域	自身品牌信息量（比特）	100% 时品牌信息量（比特）	比值 α	比值 β	所在镇财政收入（亿元）	品牌价值 V（亿元）
佛子岭	1342220777	24132817107	0.0556181	0.7821199	0.275822	0.352659496

2. 佛子岭品牌价值测算结果分析

由表 6–4 可知，以佛子岭所在镇财政收入对其品牌价值进行计算，得到佛子岭的品牌价值为 0.352659496 亿元，在安徽省内旅游目的地的品牌价值排行中处于较低的位置。其原因在于品牌强度系数和品牌折现率导致佛子岭品牌信息量较低，加之其所在城市的旅游收入较低，最终使得佛子岭的品牌价值测算结果不够理想。佛子岭游客可免费进入游玩，没有相应的创收项目，可能是导致佛子岭品牌价值低的主要因素之一。

第三节　响洪甸水库

一、响洪甸水库简介

响洪甸水库为国家级水利风景区，位于安徽省六安市金寨县，坐落在西淠河上游，齐云山畔，是淮河支流西淠河上的一座大型水库，20世纪50年代治理淮河水患的枢纽工程之一，是以防洪灌溉为主，结合发电、城市供水、航运、水产养殖等综合利用的大型水利水电工程。水库大坝建在响洪甸镇，响洪甸水库依地命名。

二、响洪甸水库旅游目的地品牌的基础指标与分析

响洪甸水库旅游目的地品牌基础数据，如表6–5所示。

表6–5　响洪甸水库旅游目的地品牌基础数据

指标范围	知名度（%）	认知度（%）	美誉度（%）	忠诚度（%）	品牌信息总量估值（比特）
全国	46.45	17.75	12.29	14.99	1296545644

响洪甸水库品牌信息总量估值为1296545644比特。该旅游目的地已经开始具有全国性特征，全国认知程度和当地认知程度差异逐渐缩小。

响洪甸水库旅游目的地品牌知名度为46.45%，已突破知名度的第三个关键点37.50%，这一数据说明半数以上的消费者对该旅游目的地的认知程度较深，能够较为准确地辨识其品牌LOGO，并能大致描述出其旅游目的地的风景特征以及相关服务、票价等，产生了明显的消费者区隔。

响洪甸水库旅游目的地品牌认知度为17.75%，其与知名度的比值为0.3821，仅刚超过知名度的33.33%，达到这一认知度的旅游目的地虽然

对消费者具有了选择偏好影响力，但广告投放只起到一部分正向传播作用，传播效果一般，在竞争中优势不显著。

响洪甸水库旅游目的地品牌美誉度为 12.29%，已突破美誉度的第一个关键点 1.62%。突破这个关键点后，消费者的口碑作用逐渐凸显出来，消费者偏好越来越明显，说明该旅游目的地品牌已经产生了口碑效应，但是尚未充分转化为消费者对于该旅游目的地的正向口碑，可以在公共关系、售后服务及景点服务方面加大管理力度。

响洪甸水库旅游目的地品牌忠诚度为 14.99%，已经出现了消费者两次或两次以上到达该旅游目的地旅游的现象，忠诚度与美誉度相比略高于美誉度，说明其正向口碑的消费者已经充分地转化，并且对旅游目的地整体经营起到正向推动作用。

三、响洪甸水库旅游目的地品牌的价值测算

1. 主要参数及计算结果

对响洪甸水库的品牌价值测算主要依据国家标准《品牌评价 旅游目的地》（GB/T 39869—2021），并完善了测量方法，将《品牌评价 旅游目的地》标准中五要素测算品牌强度的方法更换为各个信息总量 / 行业内品牌满信息量的方法，详细计算步骤见本书的第二章第二节，此处不再赘述。

响洪甸水库品牌价值测算结果，如表 6–6 所示。

表 6–6　响洪甸水库品牌价值测算结果

旅游区域	自身品牌信息量（比特）	100% 时品牌信息量（比特）	比值 α	比值 β	单位品牌信息总量（亿 / 比特）	品牌价值 V（亿元）
响洪甸水库	1296545644	24132817107	0.0537254	0.8096726	9.00987E–08	116.817078

2. 响洪甸水库品牌价值测算结果分析

由表 6–6 可知，根据品牌价值测算的修正思想，采取单位品牌信息总量（亿 / 比特）方式对品牌价值进行测算，得到响洪甸水库的品牌价值为 116.817078 亿元，未能突破 300 亿元，在安徽省内旅游目的地的品牌价值排行中处于低水平状态。其原因可能在于响洪甸水库作为旅游目的地风景特色较为单一，周围配套设施尚不完善，并且响洪甸水库的品牌知名度仅为 46.45%，在省内旅游目的地知名度排行中处于中等偏下的位置，品牌认知度不高，品牌信息总量仅达到 1296545644 比特，也处于较低水平，导致品牌强度系数较低，品牌折现率较高，并且响洪甸水库所在城市旅游收入处于低水平状态，导致品牌价值测算结果不理想。

第四节　悠然蓝溪旅游景区

一、悠然蓝溪旅游景区简介

悠然蓝溪旅游景区位于安徽省六安市皖西大道（东部新城），是安徽省“861”工程，安徽省政府重点扶持和省旅游工作指导委员会重点调度的文化旅游项目，是 2014 年安徽省十大旅游项目之一，按国家 AAAA 级景区建设，是安徽省文化产业重点项目，中国三大养生度假名镇之一。该项目由中国百强房企重庆兴茂集团倾情打造。项目占地 3240 亩（1 亩≈0.0667 公顷），总建筑面积 300 万平方米，总投资 80 亿元。“中华礼源，大德蓝溪”，小镇以六安皋陶“五礼”文化为主线，以千亩“寿”湖、新中式建筑风格、华东最大水世界、文化名景等为载体，形成美轮美奂的人间仙境，让人陶醉其间，流连忘返。小镇分为文化体验、康体养生、运动拓展、商务会议、民俗风情、度假居住六大功能板块，打造成中国新型文化旅游度假典范、中国休闲度假目的地。

二、悠然蓝溪旅游景区旅游目的地品牌的基础指标与分析

悠然蓝溪旅游景区旅游目的地品牌基础数据，如表 6–7 所示。

表 6–7　悠然蓝溪旅游景区旅游目的地品牌基础数据

指标 范围	知名度 （%）	认知度 （%）	美誉度 （%）	忠诚度 （%）	品牌信息总量估值 （比特）
全国	56.91	10.5	15.4	17.96	1315674868

悠然蓝溪旅游景区的品牌信息总量估值为 1315674868 比特，属于全国范围内的大规模品牌。

悠然蓝溪旅游景区旅游目的地品牌知名度为 56.91%，已突破知名度的第三个关键点 37.50%，表明半数以上的消费者对该旅游目的地的风景特征、服务内容较为熟悉，产生了较为明显的消费者区隔。

悠然蓝溪旅游景区旅游目的地品牌认知度为 10.5%，与知名度的比值为 0.1845，未达到知名度的 33%，存在认知度不足、传播效果不充分的现象。该旅游目的地尚不具有对消费者选择偏好的影响力。增加广告营销投入以及加强相关宣传活动，是提高旅游目的地品牌知名度的有效方法。

悠然蓝溪旅游景区旅游目的地品牌美誉度为 15.4%，已突破美誉度的第一个关键点 1.62%。此阶段消费者的口碑作用逐渐凸显出来，消费者偏好显著，消费者之间的自传播现象逐渐增多。悠然兰溪旅游景区可以根据这一有效自传播效应的发生时期，结合自身品牌特色，实现品牌自传播效应的迅速扩张。

悠然蓝溪旅游景区旅游目的地品牌忠诚度为 17.96%，略高于美誉度，说明出现部分消费者两次或两次以上到该旅游目的地旅游的现象，但是与认知度相比，其品牌忠诚度并非消费者自发地产生的。正向口碑转化为品牌的忠诚度，并且将部分消费者变为强偏好型消费者，对旅游景点

起到了支撑作用。

三、悠然蓝溪旅游景区旅游目的地品牌的价值测算

1. 主要参数及计算结果

对悠然蓝溪旅游景区的品牌价值测算主要依据国家标准《品牌评价 旅游目的地》（GB/T 39869—2021），并完善了测量方法，将《品牌评价 旅游目的地》标准中五要素测算品牌强度的方法更换为各个信息总量 / 行业内品牌满信息量的方法，详细计算步骤见本书的第二章第二节，此处不再赘述。

悠然蓝溪旅游景区品牌价值测算结果，如表 6–8 所示。

表 6–8　悠然蓝溪旅游景区品牌价值测算结果

旅游区域	自身品牌信息量（比特）	100% 时品牌信息量（比特）	比值 α	比值 β	单位品牌信息总量（亿 / 比特）	品牌价值 V（亿元）
悠然蓝溪旅游景区	1315674868	24132817107	0.0545181	0.7979004	9.00987E–08	118.5405962

2. 悠然蓝溪旅游景区品牌价值测算结果分析

由表 6–8 可知，根据品牌价值测算的修正思想，采取单位品牌信息总量（亿 / 比特）方式对品牌价值进行测算，得到悠然蓝溪旅游景区的品牌价值为 118.5405962 亿元，与响洪甸水库品牌价值测算结果较为接近，均未能突破 300 亿元，在安徽省内旅游目的地的品牌价值排行中处于低水平状态。其原因在于悠然蓝溪旅游景区的品牌知名度虽然较高，为 56.91%，但认知度较低，仅为 10.5%，品牌信息总量处于较低水平，导致品牌强度系数较低，品牌折现率较高，并且悠然蓝溪旅游景区所在城市旅游收入处于低水平，最终使得其品牌价值测算结果较低。

第五节 大别山石窟

一、大别山石窟简介

大别山石窟风景区位于安徽省六安市金安区张店镇南部山区，距六安市城区约 35 千米，皖西大裂谷风景区与此接壤。大别山石窟风景区方圆 25 平方千米（核心景区占地面积 15 平方千米），奇峰秀水，植被茂密，古迹众多，传说神奇。大别山石窟风景区是皖西第一岩洞敞岩，距今已有一亿六千万年的历史。一踏入大别山石窟风景区，随处可见远处一座山的山体表面凹凸不平，满目疮痍。大别山石窟风景区大大小小的石窟难以数计，最小的石窟只可容纳一个弯曲着身子的儿童，最大的可同时容纳数千人。

二、大别山石窟旅游目的地品牌的基础指标与分析

大别山石窟旅游目的地品牌基础数据，如表 6–9 所示。

表 6–9 大别山石窟旅游目的地品牌基础数据

指标 范围	知名度 （%）	认知度 （%）	美誉度 （%）	忠诚度 （%）	品牌信息总量估值 （比特）
全国	71.87	28.19	14.18	27.89	1908708149

大别山石窟的品牌信息总量估值为 1908708149 比特，属于大规模品牌，正在向品牌的成熟期过渡。

大别山石窟旅游目的地品牌知名度为 71.87%，已经突破知名度的第四个关键点 61.80%，该旅游目的地品牌可以称为高知名度品牌，有了充分的消费者认知和联想的基础，此时极有可能产生自我传播现象，并且半数以上的消费者表现出明显的选择偏好，会把该旅游景点作为主要选择。

大别山石窟旅游目的地品牌认知度为 28.19%，与知名度的比值为 0.3922，超过知名度的 33.33%，未能达到知名度的 50%，说明这一阶段的大别山石窟旅游目的地品牌认知度和传播效果一般。前期的宣传及广告活动使其知名度部分转化为消费者对于该旅游目的地品牌的认知，具有一定的联想度，有品牌延伸的可能性。

大别山石窟旅游目的地品牌美誉度为 14.18%，已突破美誉度的第一个关键点 1.62%。在突破这个关键点后，消费者的口碑作用逐渐凸显出来，美誉度与认知度相比低于认知度且差距较大，说明已经有部分消费者口碑转化为对该旅游目的地的正向口碑。

大别山石窟旅游目的地品牌忠诚度为 27.89%，说明出现了部分消费者两次或两次以上到达该旅游目的地旅游的现象，品牌忠诚度高于美誉度，说明该旅游目的地的正向口碑充分地转化为品牌的忠诚度，并且具有正向口碑的消费者转化为强偏好型消费者，对旅游目的地品牌的传播具有重要影响。

三、大别山石窟旅游目的地品牌的价值测算

1. 主要参数及计算结果

对大别山石窟旅游景区的品牌价值测算主要依据国家标准《品牌评价 旅游目的地》（GB/T 39869—2021），并完善了测量方法，将《品牌评价 旅游目的地》标准中五要素测算品牌强度的方法更换为各个信息总量 / 行业内品牌满信息量的方法，详细计算步骤见本书的第二章第二节，此处不再赘述。

大别山石窟品牌价值测算结果，如表 6–10 所示。

表 6–10　大别山石窟品牌价值测算结果

旅游区域	自身品牌信息量（比特）	100% 时品牌信息量（比特）	比值 α	比值 β	单位品牌信息总量（亿 / 比特）	品牌价值 V（亿元）
大别山石窟	1908708149	24132817107	0.0790918	0.5499937	9.00987E–08	171.9721244

2. 大别山石窟品牌价值测算结果分析

由表 6–10 可知，根据品牌价值测算的修正思想，采取单位品牌信息总量（亿 / 比特）方式对品牌价值进行测算，得到大别山石窟的品牌价值为 171.9721244 亿元，在安徽省内旅游目的地的品牌价值排行中处于中等偏上水平。大别山石窟品牌的知名度、认知度、美誉度和忠诚度在安徽省内品牌中均处于较高水平，品牌强度系数和品牌折现率都处于理想状态，而且品牌信息总量处于较高水平，但其景点旅游收入在省内排行中处于偏下水平，所以大别山石窟的品牌价值测算结果并不理想。

第六节　悠然南山度假区

一、悠然南山度假区简介

悠然南山度假区位于安徽省六安市南部旅游新区内，离市中心仅 6 千米，10 分钟车程，离新桥国际机场仅 40 千米，30 分钟车程。特别值得一提的是，悠然南山度假区在城市规划六安市区南扩的 10 千米范围内，距即将修建的通往合肥繁华大道的城市南通道仅 4 千米，从度假区到合肥仅有 30 分钟车程，交通非常便捷。

悠然南山度假区项目由六舒路、六毛路、南山大道、南扬路四条市政主干道围合而成，总占地面积约2800亩（1亩≈0.0667公顷），其中包括1800亩18洞国际标准锦标赛级高尔夫球场、200亩左右的湖面景观，建成后整个度假区将是近3000户高端人士的居住地。项目秉承“生态、运动、健康、尊贵”的理念，拟用5年时间把度假区全面建设成集运动休闲、生态观光、休闲度假、商务会议、农业产业化、高端居住为一体的休闲度假目的地和集散地。

二、悠然南山度假区旅游目的地品牌的基础指标与分析

悠然南山度假区旅游目的地品牌基础数据，如表6−11所示。

表6-11　悠然南山度假区旅游目的地品牌基础数据

指标 范围	知名度 （%）	认知度 （%）	美誉度 （%）	忠诚度 （%）	品牌信息总量估值 （比特）
全国	53.69	20.05	14.84	15.91	1639032313

悠然南山度假区的品牌信息总量估值为1639032313比特，在全国范围内，该旅游目的地正进入品牌的快速成长期，属于大规模旅游品牌。

悠然南山度假区旅游目的地品牌知名度为53.69%，已突破知名度的第三个关键点37.50%，半数以上的消费者对其表示非常熟悉，并且认知程度深，能够大致描述出其旅游目的地的风景特点、服务内容等信息，产生了明显的消费者区隔。若有相应的认知度，该品牌一般会具有一定的联想度，使品牌的延伸成为可能。

悠然南山度假区旅游目的地品牌认知度为20.05%，与知名度的比值为0.3734，超过了知名度的33.33%，此阶段旅游目的地在消费者中表现为品牌认知度和传播效果均一般。此时，此旅游目的地具有一些对消费者选择偏好有影响力的竞争工具，但在竞争中的作用仍较小，说明悠然南山度假区需要继续投入广告等，开展宣传活动，以提升其知名度。

悠然南山度假区旅游目的地品牌美誉度为 14.84%，已突破美誉度的第一个关键点 1.62%，消费者的口碑作用逐渐凸显出来，这个阶段属于有效自传播效应发生时期，在这一时期内品牌极易发生品牌自传播骤增现象，故悠然南山度假区旅游目的地可以结合自身品牌特色，关注当下社会热点，对自身品牌自传播效应骤增点进行把控。

悠然南山度假区旅游目的地品牌忠诚度为 15.91%，已出现部分消费者两次或两次以上到达该旅游目的地旅游的现象，品牌忠诚度略高于美誉度，说明其正向口碑较为充分地转化为该旅游目的地的品牌忠诚度，对其品牌的营销及相关产品销售方面的服务等活动具有重要贡献。

三、悠然南山度假区旅游目的地品牌的价值测算

1. 主要参数及计算结果

对悠然南山度假区的品牌价值测算主要依据国家标准《品牌评价 旅游目的地》(GB/T 39869—2021)，并完善了测量方法，将《品牌评价 旅游目的地》标准中五要素测算品牌强度的方法更换为各个信息总量 / 行业内品牌满信息量的方法，详细计算步骤见本书的第二章第二节，此处不再赘述。

悠然南山度假区品牌价值测算结果，如表 6–12 所示。

表 6–12　悠然南山度假区品牌价值测算结果

旅游区域	自身品牌信息量（比特）	100% 时品牌信息量（比特）	比值 α	比值 β	单位品牌信息总量（亿 / 比特）	品牌价值 V（亿元）
悠然南山度假区	1639032313	24132817107	0.0679172	0.6404862	9.00987E–08	147.6746819

2. 悠然南山度假区品牌价值测算结果分析

由表 6–12 可知，根据品牌价值测算的修正思想，采取单位品牌信息总量（亿 / 比特）方式对品牌价值进行测算，得到悠然南山度假区的品牌价值为 147.6746819 亿元，在安徽省内旅游资源品牌价值排行中处于中等水平。分析其基础数据，品牌知名度、认知度、美誉度和忠诚度均处于中等水平，且品牌信息总量处于中等偏上水平，因此，品牌强度系数和品牌折现率对品牌价值测算不会产生较大的负面影响，使其品牌价值也处于中等水平。

第七节　六安茶谷

一、六安茶谷简介

六安茶谷建设是六安市委、市政府实施绿色发展战略的具体抓手和重要阵地，自 2014 年 8 月项目启动以来，项目建设顺利推进，在安徽省内外产生了积极影响，为生态增绿、旅游添景、农民增收发挥了重要作用。六安茶谷规划面积约 5696 平方千米，人口约 157 万人，主干线长约 260 千米，建设范围涉及 5 个县区、46 个乡镇、2 个风景区、5 个水库。茶谷以六安瓜片为产业基础，全面突出六安茶产业的特色，将六安瓜片、霍山黄芽、金寨翠眉、舒城小兰花、华山银毫原产地和主产区全部纳入茶谷，“500 里茶谷孕育五朵金花”，可以客观全面地反映茶产业的鲜明特色和六安茶谷茶旅游的独特魅力。

二、六安茶谷旅游目的地品牌的基础指标与分析

六安茶谷旅游目的地品牌基础数据，如表 6–13 所示。

表 6-13　六安茶谷旅游目的地品牌基础数据

指标 范围	知名度 （%）	认知度 （%）	美誉度 （%）	忠诚度 （%）	品牌信息总量估值 （比特）
全国	62.53	12.18	15.37	18.27	1528871414

六安茶谷的品牌信息总量估值为 1528871414 比特，在全国范围内正在向大众熟知的旅游目的地品牌过渡，已经进入品牌的快速成长期。

六安茶谷旅游目的地品牌知名度为 62.53%，略高于知名度的第四个关键点 61.80%，可称之为高知名度品牌，具有充分的消费者认知和联想的基础，半数以上的消费者表现出明显的旅游选择偏好。此时品牌具有的知名度说明前期的广告投入和宣传的正向作用得到了充分的转化，品牌管理的重心可以放在公共关系活动等方面。

六安茶谷旅游目的地品牌认知度为 12.18%，与知名度的比值为 0.1948，远低于知名度的 33.33%，说明六安茶谷旅游目的地的品牌传播效果较差，应着重强化目标消费者关于旅游目的地的品牌 LOGO、标语、旅游特色等方面的宣传推广，增加广告以及相关宣传类活动等方面的投入，提高该旅游目的地的知名度，以加深消费者对六安茶谷的认知。

六安茶谷旅游目的地品牌美誉度为 15.37%，已突破美誉度的第一个关键点 1.62%。此时消费者的正向口碑作用逐渐凸显出来，有效的自传播效应已经发生，所以需要配合强有力的宣传以扩大传播效果，使其充分进行正向转化。

六安茶谷旅游目的地品牌忠诚度为 18.27%，已出现部分消费者两次或两次以上到达该目的地旅游的现象，品牌忠诚度高于美誉度，说明其美誉度产生的正向口碑已充分转化为品牌的忠诚度，并且由美誉度转化的正向口碑将部分消费者转化为强偏好型消费者和偏好型消费者。

三、六安茶谷旅游目的地品牌的价值测算

1. 主要参数及计算结果

对六安茶谷的品牌价值测算主要依据国家标准《品牌评价 旅游目的地》（GB/T 39869—2021），并完善了测量方法，将《品牌评价 旅游目的地》标准中五要素测算品牌强度的方法更换为各个信息总量 / 行业内品牌满信息量的方法，详细计算步骤见本书的第二章第二节，此处不再赘述。

六安茶谷品牌价值测算结果，如表 6–14 所示。

表 6–14　六安茶谷品牌价值测算结果

旅游区域	自身品牌信息量（比特）	100% 时品牌信息量（比特）	比值 α	比值 β	单位品牌信息总量（亿 / 比特）	品牌价值 V（亿元）
六安茶谷	1528871414	24132817107	0.0633524	0.6866356	9.00987E–08	137.749328

2. 六安茶谷品牌价值测算结果分析

由表 6–14 可知，根据品牌价值测算的修正思想，采取单位品牌信息总量（亿 / 比特）方式对品牌价值进行测算，得到六安茶谷的品牌价值为 137.749328 亿元，在安徽省内旅游目的地的品牌价值排行中处于中等水平。由基础指标数据在旅游目的地中的排行可知，除了品牌知名度偏低以外，其他三个基础指标均处于中上等水平，说明六安茶谷整体品牌形象良好，且品牌信息总量处于中等偏上水平。

第七章

池州旅游目的地

第一节　九华山

一、九华山简介

九华山，古称陵阳山、九子山，为“中国佛教四大名山”之一，位于安徽省池州市青阳县境内，素有“东南第一山”之称，传说因唐代诗人李白《望九华赠青阳韦仲堪》诗“昔在九江上，遥望九华峰。天河挂绿水，秀出九芙蓉”而更名为“九华山”。相传九华山为地藏菩萨应化的道场，佛教认为地藏菩萨是“大孝”和“大愿”的象征。

九华山为皖南三大山系之一，主体是由花岗岩岩体组成的强断裂带。其边缘地区除部分为沉积岩外，大都是由花岗闪长岩组成的褶皱断块轻度隆起带。九华山地处北亚热带，不仅受湿润季风的影响，而且受山区海拔高度、地形地势的制约，所以具有温和、湿润、阴凉等山区气候特点。九华山北俯长江，南望黄山，东临太平湖，西接池州，绵亘一百余千米，主要有九十九峰，最高的十王峰海拔 1342 米。九华山区域总面积约 120 平方千米，大致呈南北走向，介于东经 117°43′ ～ 118°80′ 、北纬 30°24′ ～ 30°40′ 之间。

九华山自山麓至天台峰，名刹古寺林立，文物古迹众多，尚存化城寺、月身宝殿、慧居寺、百岁宫等古刹 78 座，佛像 1500 余尊，藏有明万历皇帝颁赐的圣旨、藏经及其他玉印、法器等文物 1300 余件。2006 年以九华山为主体的九华山风景名胜区被评为国家重点风景名胜区。2007 年九华山风景区获评国家 AAAAA 级旅游景区。2009 年，九华山获评国家地质公园。2019 年 4 月 17 日，联合国教科文组织发布公告，批准九华山为世界地质公园。

二、九华山旅游目的地品牌的基础指标与分析

九华山旅游目的地品牌基础数据，如表 7–1 所示。

表 7–1　九华山旅游目的地品牌基础数据

指标 范围	知名度 （%）	认知度 （%）	美誉度 （%）	忠诚度 （%）	品牌信息总量估值 （比特）
全国	72.90	17.90	16.32	16.75	2136509817

九华山的品牌信息总量估值为 2136509817 比特。在全国范围内九华山旅游目的地属于超大规模旅游品牌，已经成为大众耳熟能详的旅游目的地品牌。

九华山旅游目的地品牌的知名度为 72.90%，已突破知名度的第四个关键点 61.80%，可以称九华山旅游目的地为高知名度品牌，有了充分的消费者认知和联想基础，极有可能产生自传播现象。半数以上的消费者表现出明显的选择偏好，并会在无提示的情况下把知名度处于这一阶段的九华山作为旅游目的地的主要选择。

九华山旅游目的地品牌认知度为 17.90%，与知名度的比值为 0.2455，未达到知名度的 33.33%，此阶段消费者对该旅游目的地的认知度不足，传播效果不充分，说明九华山旅游目的地虽然具有较高的品牌知名度，但所做的广告类宣传以及其他形式的宣传活动效果并不显著，尚未使其知名度转化为消费者对九华山旅游目的地品牌的认知。

九华山旅游目的地品牌美誉度为 16.32%，突破了美誉度的第一个关键点 1.62%。在突破这个关键点后，消费者的口碑作用逐渐凸显出来，消费者之间的自传播现象增加，但是其美誉度与认知度相比远低于认知度，说明消费者对九华山的认知及服务体验未能产生较多的正向口碑。

九华山旅游目的地品牌忠诚度为 16.75%，说明已经出现部分消费者

两次或两次以上到达该旅游目的地旅游的现象，品牌忠诚度与其美誉度相比略高于美誉度，说明其美誉度所关联的正向口碑转化较为充分，该旅游目的地品牌拥有了一批强偏好型消费者。

三、九华山旅游目的地品牌的价值测算

1. 主要参数及计算结果

对九华山旅游景区的品牌价值测算主要依据国家标准《品牌评价 旅游目的地》（GB/T 39869—2021），并完善了测量方法，将《品牌评价 旅游目的地》标准中五要素测算品牌强度的方法更换为各个信息总量 / 行业内品牌满信息量的方法，详细计算步骤见本书的第二章第二节，此处不再赘述。

九华山品牌价值测算结果，如表 7–2 所示。

表 7–2　九华山品牌价值测算结果

旅游区域	自身品牌信息量（比特）	100% 时品牌信息量（比特）	比值 α	比值 β	单位品牌信息总量（亿 / 比特）	品牌价值 V（亿元）
九华山	2136509817	24132817107	0.0885313	0.4913516	9.00987E–08	192.4967587

2. 九华山品牌价值测算结果分析

由表 7–2 可知，根据品牌价值测算的修正思想，采取单位品牌信息总量（亿 / 比特）方式对品牌价值进行测算，得到九华山旅游目的地品牌价值为 192.4967587 亿元，品牌价值远低于 500 亿元。分析品牌基础数据可以发现，九华山的品牌知名度为 72.90%，处于较高水平，导致其品牌价值略低的原因在于九华山旅游品牌资源认知度与知名度的比值不甚理想。九华山为黄山支脉，是国家级重点风景名胜区，且具有极深厚的文化底蕴，目标消费者范围较广，旅游收入也处于极高水平，品牌价值提升空间较大。

第二节 莲峰云海

一、莲峰云海简介

莲峰云海景区，坐落在九华山莲花峰，位于九华山后山，是九华山脉第一峰，因其峰上下常年云雾缭绕、景色壮观而得名。又由于莲花峰山形酷似文房四宝中的笔架，所以又称“笔架山”，景区占地面积400亩（1亩≈0.0667公顷），保护面积1000亩。莲峰云海是九华山后山旅游带的重要接待景区，倚山而建，就势造景，园即是山，山即是园，妙趣天成。

二、莲峰云海旅游目的地品牌的基础指标与分析

莲峰云海旅游目的地品牌基础数据，如表7–3所示。

表7–3 莲峰云海旅游目的地品牌基础数据

指标范围	知名度（%）	认知度（%）	美誉度（%）	忠诚度（%）	品牌信息总量估值（比特）
全国	49.57	15.48	13.14	13.85	1309370354

莲峰云海的品牌信息总量估值为1309370354比特。在全国范围内属于大规模旅游品牌，在安徽省范围内已经成为大众耳熟能详的旅游目的地品牌。

莲峰云海旅游目的地品牌知名度为49.57%，已突破知名度的第三个关键点37.50%，半数以上的消费者对其具有较高的认知度，能够大致描绘出该旅游目的地品牌的风景以及门票价格和相关特征，已经产生了明显的消费者区隔。

莲峰云海旅游目的地品牌认知度为15.48%，未达到品牌知名度的33.33%，消费者对莲峰云海的认知度不足，传播效果不充分。该旅游目

的地应该在广告投入和宣传工作上加大力度，提高其知名度，该品牌一般会具有一定的联想度，使品牌的延伸成为可能。

莲峰云海旅游目的地品牌美誉度为 13.14%，已经突破美誉度的第一个关键点 1.62%，此阶段消费者之间容易产生自传播效应，其美誉度低于认知度，并且差距较大，说明部分消费者产生了口碑效应，但尚未充分转化为正向口碑。

莲峰云海旅游目的地品牌忠诚度为 13.85%，此时的品牌消费者产生的正向口碑较充分地转化为品牌的忠诚度，忠诚度值略高于美誉度，部分消费者转化为强偏好型消费者。

三、莲峰云海旅游目的地品牌的价值测算

1. 主要参数及计算结果

对莲峰云海旅游景区的品牌价值测算主要依据国家标准《品牌评价　旅游目的地》(GB/T 39869—2021)，并完善了测量方法，将《品牌评价　旅游目的地》标准中五要素测算品牌强度的方法更换为各个信息总量 / 行业内品牌满信息量的方法，详细计算步骤见本书的第二章第二节，此处不再赘述。

莲峰云海品牌价值测算结果，如表 7–4 所示。

表 7–4　莲峰云海品牌价值测算结果

旅游区域	自身品牌信息量（比特）	100% 时品牌信息量（比特）	比值 α	比值 β	单位品牌信息总量（亿 / 比特）	品牌价值 V（亿元）
莲峰云海	1309370354	24132817107	0.0542568	0.8017423	9.00987E−08	117.9725678

2. 莲峰云海品牌价值测算结果分析

由表 7–4 可知，根据品牌价值测算的修正思想，采取单位品牌信息总量（亿 / 比特）方式对品牌价值进行测算，得到莲峰云海的品牌价值为 117.9725678 亿元，根据品牌信息总量计算出的品牌强度系数和品牌折现率均未达到理想水平，作为九华山旅游观光带上景点之一的莲峰云海景区自然景观以雄险峻秀著称，亦有深厚的佛教文化底蕴，唐代著名诗人李白作诗吟赞其风景壮丽，但可能因其创收旅游项目有限，未能增加景点整体收入，导致品牌价值总量偏低，未达到理想状态。

第三节 牯牛降

一、牯牛降简介

牯牛降风景区位于石台县与祁门县交界处，是安徽省南部三大高山（黄山、清凉峰、牯牛降）之一，距石台县城 22 千米，主峰海拔 1727.6 米，总面积为 6700 公顷。牯牛降共分五大景区：主峰景区、灵山景区、双龙谷景区、龙门景区、观音堂景区。其中前四个皆位于石台县境内，观音堂景区位于祁门县境内。牯牛降以雄、奇、险著称，是黄山山脉向西延伸的主体，古称“西黄山”，山岳风光秀美绮丽，境内有 36 大峰、72 小峰，36 大岔、72 小岔。因其山形酷似一头牯牛从天而降，故名牯牛降。2014 年，牯牛降旅游景点荣获“安徽名牌”产品称号。

二、牯牛降旅游目的地品牌的基础指标与分析

牯牛降旅游目的地品牌基础数据，如表 7–5 所示。

表 7–5　牯牛降旅游目的地品牌基础数据

指标 范围	知名度 （%）	认知度 （%）	美誉度 （%）	忠诚度 （%）	品牌信息总量估值 （比特）
全国	45.19	7.47	12.67	14.62	908115001.4

牯牛降的品牌信息总量估值为 908115001.4 比特，略高于 7.884 亿比特，属于大规模旅游品牌，目前已初步进入快速成长期。

牯牛降旅游目的地品牌知名度为 45.19%，已突破知名度的第三个关键点 37.50%，消费者能够大致描绘出该旅游目的地品牌的相关内容以及景点内容和票价等信息，产生了明显的消费者区隔。若有相应的认知度，牯牛降一般会具有一定的联想度，使品牌的延伸成为可能。

牯牛降旅游目的地品牌认知度为 7.47%，与知名度的比值为 0.1653，但未达到知名度的 33.33%，说明牯牛降品牌认知度不足且传播效果不充分，该旅游目的地对于此景点的宣传、广告活动未能加深消费者对该景点的认知度，宣传效果不显著，目前不具备一定的联想度，并且不建议进行品牌的延伸等活动。

牯牛降旅游目的地品牌美誉度为 12.67%，已突破美誉度的第一个关键点 1.62%，消费者的口碑作用逐渐凸显出来，消费者偏好也越来越明显，消费者之间的传播越来越广泛。在此阶段，美誉度与认知度相比高于认知度，说明该旅游目的地的消费者在消费体验后产生了充分的正向口碑来支撑品牌的美誉度。

牯牛降旅游目的地品牌忠诚度为 14.62%，与其美誉度相比，忠诚度略高，说明美誉度形成的正向口碑充分转化为该旅游目的地的品牌忠诚度，并且将部分消费者变成该旅游目的地品牌的偏好型消费者。

三、牯牛降旅游目的地品牌的价值测算

1. 主要参数及计算结果

对牯牛降旅游景区的品牌价值测算主要依据国家标准《品牌评价 旅游目的地》(GB/T 39869—2021)，并完善了测量方法，将《品牌评价 旅游目的地》标准中五要素测算品牌强度的方法更换为各个信息总量 / 行业内品牌满信息量的方法，详细计算步骤见本书的第二章第二节，此处不再赘述。

牯牛降品牌价值测算结果，如表 7–6 所示。

表 7–6 牯牛降品牌价值测算结果

旅游区域	自身品牌信息量（比特）	100% 时品牌信息量（比特）	比值 α	比值 β	单位品牌信息总量（亿 / 比特）	品牌价值 V（亿元）
牯牛降	908115001.4	24132817107	0.0376299	1.1559963	9.00987E–08	81.81998179

2. 牯牛降品牌价值测算结果分析

由表 7–6 可知，根据品牌价值测算的修正思想，采取单位品牌信息总量（亿 / 比特）方式对品牌价值进行测算，得到牯牛降的品牌价值为 81.81998179 亿元，在安徽省内旅游资源品牌价值排行中处于较低水平。分析其基础数据可以发现，知名度、认知度等均处于中等水平，且品牌信息总量处于偏低水平，使其品牌价值测算结果较低，上升空间较大。

第四节　池州杏花村

一、池州杏花村简介

池州秀山门外的杏花村，正是唐代大诗人杜牧笔下的“牧童遥指杏花村”中的杏花村，使得杏花村名垂青史，饮誉天下。明末名士福建福清人林古度（字冉予，一字茂之，晚号乳山道士）的七绝，抒发了千百年来池州人民因杏花村而自豪之情。其诗曰：“郡楼高出秀山门，古迹今时不可论。杜牧当年有名句，独唱城外杏花村。”（引自清《杏花村志》卷五）池州杏花村的说法最早见于清代贵池县人郎遂所写的《杏花村志》，而后《广舆记》《江南通志》等书亦有所收录，而贵池杏花村明代时由曾出任池州的顾元镜所建。

二、池州杏花村旅游目的地品牌的基础指标与分析

池州杏花村旅游目的地品牌基础数据，如表 7–7 所示。

表 7–7　池州杏花村旅游目的地品牌基础数据

指标 范围	知名度 （%）	认知度 （%）	美誉度 （%）	忠诚度 （%）	品牌信息总量估值 （比特）
全国	70.70	17.85	15.07	22.18	1554066240

池州杏花村的品牌信息总量估值为 1554066240 比特。在全国范围内属于大规模品牌，品牌已经进入快速成长期，正在向品牌成熟期过渡。

池州杏花村旅游目的地品牌知名度为 70.70%，远超知名度的第四个关键点 61.80%，属于高知名度品牌。池州杏花村可以称为高知名度旅游目的地品牌，具有充分的消费者认知和联想的基础，消费者能够描绘出旅游目的地的风景内容、门票价格以及风景特征等，50% 以上的消费者

表现出明显的选择偏好。

池州杏花村旅游目的地品牌认知度为17.85%，与知名度的比值为0.2525，未达到知名度的33.33%。说明消费者对池州杏花村认知度不足，传播效果不充分，说明池州杏花村的广告投入以及宣传活动未能有效提高其知名度，尚未将其旅游目的地的内容变为消费者对于该旅游目的地的认知。

池州杏花村旅游目的地品牌美誉度为15.07%，突破美誉度的第一个关键点1.62%，消费者的口碑作用逐渐凸显出来，消费者之间的自传播效应愈发显著。池州杏花村已经具有一定的正向口碑，但是尚未充分地转化为其对于池州杏花村的全部正向口碑。其美誉度略低于认知度，可能与其消费者在旅游目的地获得的旅游体验感以及售后服务欠佳有关。

池州杏花村旅游目的地品牌忠诚度为22.18%，此时已经出现部分消费者两次或两次以上到达该旅游目的地旅游的现象，品牌忠诚度与其美誉度相比，高于美誉度，说明美誉度形成的消费者正向口碑全部转化成品牌的忠诚度，对于该旅游目的地的产品销售、品牌营销以及其他周边的相关营销活动起到正向推动作用。

三、池州杏花村旅游目的地品牌的价值测算

1. 主要参数及计算结果

对杏花村旅游景区的品牌价值测算主要依据国家标准《品牌评价 旅游目的地》（GB/T 39869—2021），并完善了测量方法，将《品牌评价 旅游目的地》标准中五要素测算品牌强度的方法更换为各个信息总量 / 行业内品牌满信息量的方法，详细计算步骤见本书的第二章第二节，此处不再赘述。

池州杏花村品牌价值测算结果，如表7–8所示。

表 7–8　池州杏花村品牌价值测算结果

旅游区域	自身品牌信息量（比特）	100% 时品牌信息量（比特）	比值 α	比值 β	单位品牌信息总量（亿 / 比特）	品牌价值 V（亿元）
杏花村	1554066240	24132817107	0.0643964	0.6755037	9.00987E–08	140.0193492

2. 池州杏花村品牌价值测算结果分析

由表 7–8 可知，根据品牌价值测算的修正思想，采取单位品牌信息总量（亿 / 比特）方式对品牌价值进行测算，得到池州杏花村的品牌价值为 140.0193492 亿元，在安徽省内旅游资源品牌价值排行中处于中等水平。杏花村具有悠久的历史，唐代著名诗人杜牧曾以此景点作诗寄情，且杏花村拥有经典的“酒文化”元素，吸引大量游客前往。造成品牌价值不理想的原因，可能是该景点品牌知名度和忠诚度均处于较高水平，认知度和美誉度一般，且品牌信息总量也处于中等水平，品牌强度系数和品牌折现率数值不够理想，另外，可能是景点内的旅游创收项目未能得到游客的广泛喜爱或项目设施不完备，导致其品牌价值测算结果不理想。

第五节　九华天池

一、九华天池简介

九华天池旅游景区位于池州市贵池区马衙境内，东距佛教圣地九华山 25 千米，西距池州市主城区长江旅游码头 15 千米，与 318 国道接壤，距池州火车站、长途汽车站、沪渝高速和即将建成的宁宜高速铁路、九华山机场均在 10 千米范围内。九华天池旅游景区总面积达 20 平方千米，自然生态原始，景观奇特，既有峡谷、溪流、飞瀑、奇石、奇树、高山、平湖、竹海等自然景观，也有红色山村、电站、茶园等人文景观。该地区是典型花岗岩地质地貌分布区，其山体因多次受新构造运动抬升，形成多级峡谷盆地。1958 年为了农业灌溉，将原天池筑坝成湖。天池和龙池之间有一条长约 2 千米的石谷，石谷间堆叠着大量的冰川飘砾，别有洞天，洞洞相连，泉水清澈见底。石谷间生态植被保存完好，岩石上奇树、古藤、苔藓丛生；石谷两边林木葱茏，百鸟争鸣；幽深的树林，清新的空气，静态的巨石，动态的瀑布飞流而下，形成了“天河挂绿水”的奇观，实谓江南一绝。此为旅游、度假、休闲、观光的理想境地。

二、九华天池旅游目的地品牌的基础指标与分析

九华天池旅游目的地品牌基础数据，如表 7–9 所示。

表 7–9　九华天池旅游目的地品牌基础数据

指标范围	知名度（%）	认知度（%）	美誉度（%）	忠诚度（%）	品牌信息总量估值（比特）
全国	68.38	22.69	15.62	18.98	2249640474

九华天池的品牌信息总量估值为 2249640474 比特。此时，九华天池旅游目的地已经在全国范围内成为大众熟知的旅游目的地，在全国各地区的影响力平均且影响力很大。

九华天池旅游目的地品牌知名度为 68.38%，已经突破知名度的第四个关键点 61.80%，达到此关键点以上的品牌可以称之为高知名度品牌，具有充分的消费者认知和联想的基础，有可能产生自传播现象，半数以上的消费者表现出明显的选择偏好。在同类产品的购买选择中，半数以上的消费者会把处于这一阶段知名度的品牌作为主要选项。

九华天池旅游目的地品牌认知度为22.69%，与知名度的比值为0.3318，但尚未达到知名度的33.33%。说明前期九华天池投入的广告以及其他宣传活动有效，但消费者对九华天池的认知度仍处于较低水平，且传播效果不充分，消费者对该旅游目的地的认知相对较浅，不建议进行联想延伸。

九华天池旅游目的地品牌美誉度为15.62%，已突破美誉度的第一个关键点。在突破这个关键点后，消费者的口碑作用逐渐凸显出来，消费者偏好越来越明显，这个阶段属于有效自传播效应的发生时期，极易发生品牌自传播骤增现象，九华天池旅游目的地可以根据自身景点特色并结合社会热点，适当地把控品牌自传播效应骤增点。

九华天池旅游目的地品牌忠诚度为18.98%，此时已经出现部分消费者两次或两次以上到达该旅游目的地旅游的现象，品牌忠诚度高于其美誉度，说明消费者在此旅游目的地产生的正向口碑进行了充分的转化。

三、九华天池旅游目的地品牌的价值测算

1. 主要参数及计算结果

对九华天池旅游景区的品牌价值测算主要依据国家标准《品牌评价 旅游目的地》(GB/T 39869—2021)，并完善了测量方法，将《品牌评价 旅游目的地》标准中五要素测算品牌强度的方法更换为各个信息总量 / 行业内品牌满信息量的方法，详细计算步骤见本书的第二章第二节，此处不再赘述。

九华天池品牌价值测算结果，如表7-10所示。

表7-10　九华天池品牌价值测算结果

旅游区域	自身品牌信息量（比特）	100%时品牌信息量（比特）	比值 α	比值 β	单位品牌信息总量（亿 / 比特）	品牌价值 V（亿元）
九华天池	2249640474	24132817107	0.0932191	0.4666424	9.00987E−08	202.6896839

2. 九华天池品牌价值测算结果分析

由表 7–10 可知，根据品牌价值测算的修正思想，采取单位品牌信息总量（亿 / 比特）方式对品牌价值进行测算，得到九华天池旅游目的地的品牌价值为 202.6896839 亿元。分析品牌基础数据可以发现，九华天池的品牌知名度为 68.38%，处于较高水平，品牌信息总量达到了非常理想的数值，品牌强度系数和品牌折现率的数值理想，并且九华天池景点的旅游收入较高，所以品牌价值得到了很大提升。加之九华天池距国家 AAAAA 级景区九华山较近，且具有浓厚的文化底蕴，目标消费者范围广，对于一个旅游差异性不是那么明显、景区面积不占优势的旅游目的地而言，达到 202.6896839 亿元的品牌价值，对于如九华天池这样的旅游目的地来说已经是较为理想的状态了。

第六节　齐山平天湖景区

一、齐山平天湖景区简介

齐山平天湖景区位于安徽省池州市城区，规划面积 40.6 平方千米，由齐山景区、碧山景区、平天湖景区、湿地景区、桃源景区五部分组成，集山、水、湿地于一体，自然景色优美，人文积淀深厚。

齐山平天湖景区南连九华圣地，西接秋浦仙境，与池州古城、杏花村风景区鼎足相望，是山水文化的缩影，构筑了池州典型的“山水在城中”的特色景观。平天湖原称白沙湖，因湖畔有白沙村而得名，20 世纪 80 年代围湖设有白沙湖养殖场，养殖白鲢、鲫鱼、鲤鱼等淡水鱼。

二、齐山平天湖景区旅游目的地品牌的基础指标与分析

齐山平天湖景区旅游目的地品牌基础数据，如表 7–11 所示。

表 7–11 齐山平天湖景区旅游目的地品牌基础数据

指标 范围	知名度 （%）	认知度 （%）	美誉度 （%）	忠诚度 （%）	品牌信息总量估值 （比特）
全国	47.66	13.71	14.09	13.44	1205898934

齐山平天湖景区的品牌信息总量估值为 1205898934 比特，在全国范围内，齐山平天湖景区旅游目的地品牌已经进入快速成长期。

齐山平天湖景区的品牌知名度为 47.66%，已突破知名度的第三个关键点 37.50%。突破这一关键点的表现为，半数以上的消费者对该旅游目的地认知程度深，能够大致描绘出旅游目的地的景色、品牌内涵、景区风格等，产生了明显的消费者区隔。

齐山平天湖景区旅游目的地品牌认知度为 13.71%，与知名度的比值为 0.2877，尚未达到知名度的 33.33%，此时品牌认知度不足且传播效果不充分，说明齐山平天湖景区在前期对于该旅游目的地进行的宣传和投放的广告未起到明显的正向作用，并未让人们熟知该景区旅游目的地。

齐山平天湖景区旅游目的地品牌美誉度为 14.09%，已突破美誉度的第一个关键点 1.62%，在突破这个关键点后，消费者的口碑作用逐渐凸显出来，消费者偏好越来越明显，消费者之间的传播也越来越广泛，品牌美誉度略高于其认知度，说明消费者已经产生了正向口碑。

齐山平天湖景区旅游目的地品牌忠诚度为 13.44%，已经出现部分消费者两次或两次以上到达齐山平天湖景区旅游的现象，但是品牌忠诚度略低于其美誉度，说明消费者产生的正向口碑尚未全部转化为齐山平天湖景区的品牌忠诚度。

三、齐山平天湖景区旅游目的地品牌的价值测算

1. 主要参数及计算结果

对齐山平天湖景区的品牌价值测算主要依据国家标准《品牌评价 旅游目的地》（GB/T 39869—2021），并完善了测量方法，将《品牌评价 旅游目的地》标准中五要素测算品牌强度的方法更换为各个信息总量 / 行业内品牌满信息量的方法，详细计算步骤见本书的第二章第二节，此处不再赘述。

齐山平天湖景区品牌价值测算结果，如表 7–12 所示。

表 7–12　齐山平天湖景区品牌价值测算结果

旅游区域	自身品牌信息量（比特）	100% 时品牌信息量（比特）	比值 α	比值 β	单位品牌信息总量（亿 / 比特）	品牌价值 V（亿元）
齐山平天湖景区	1205898934	24132817107	0.0499693	0.8705353	9.00987E–08	108.6499273

2. 齐山平天湖景区品牌价值测算结果分析

由表 7–12 可知，根据品牌价值测算的修正思想，采取单位品牌信息总量（亿 / 比特）方式对品牌价值进行测算，得到齐山平天湖景区的品牌价值为 108.6499273 亿元，略高于 100 亿元，在安徽省内旅游资源品牌价值排行中处于较低水平。其原因可能在于齐山平天湖景区的品牌知名度偏低，自身品牌信息总量处于较低水平，导致品牌强度系数和品牌折现率数值不理想。齐山平天湖景区景色优美，云雾缭绕，但由于基础设施不完善，没有配套的旅游项目支持景区的发展，最终导致齐山平天湖景区的品牌价值测算结果不够理想。

第七节　九华秋浦胜境风景区

一、九华秋浦胜境风景区简介

九华秋浦胜境·大王洞风景区位于安徽省池州市境内秋浦河畔，是“两山一湖”旅游圈和皖南国际文化旅游示范区中一颗璀璨的明珠，是九华秋浦胜境风景区的核心景区，是全国溶洞联盟发起人，2007 年被评为国家 AAAA 级风景区。大王洞风景区全长 3500 米，地下暗河穿洞而过，空气清新，洞内常年恒温 18 摄氏度，冬暖夏凉，四季如春。洞内钟乳石、石笋、石柱、石幔比比皆是，造型奇特，栩栩如生。洞穴景观，规模宏大，奇景天成，琳琅满目，无所不有，无所不奇，仿佛一座神奇的“地下宝库”，真可谓“一石一奇境，一洞一世界”。全洞由凤殿、龙宫、仙园、瑶池、银河五大部分组成，其中凤殿、龙宫为世人称绝。大王洞客运索道全长 1480 米，起自景区北麓，单程只需 20 分钟。游客乘坐观光索道，饱览清新静谧的乡村田园风光，可以节省体力和时间。眺望远处的山峰，近瞰如画山水；上览云天雾海，下观阡陌山川。茶园与连绵的青山相拥，大王湖的水面清波荡漾，层层叠叠的茶梯在密林间盎然延伸，无不令人陶醉，使人流连忘返。

二、九华秋浦胜境风景区旅游目的地品牌的基础指标与分析

九华秋浦胜境风景区旅游目的地品牌基础数据，如表 7–13 所示。

表 7–13　九华秋浦胜境风景区旅游目的地品牌基础数据

指标 范围	知名度 （%）	认知度 （%）	美誉度 （%）	忠诚度 （%）	品牌信息总量估值 （比特）
全国	48.70	12.66	14.73	17.27	1200757334

九华秋浦胜境风景区的品牌信息总量估值为 1200757334 比特。在全国范围内，该旅游目的地品牌刚进入快速成长期。

九华秋浦胜境风景区旅游目的地品牌知名度为 48.70%，已突破知名度的第三个关键点 37.50%。突破这一关键点的表现为，半数以上的消费者对其认知程度深，能够大致描绘出旅游目的地的风景、票价以及景区风格等，产生了明显的消费者区隔。

九华秋浦胜境风景区旅游目的地品牌认知度为 12.66%，与知名度的比值为 0.26，但未达到知名度的 33.33%，表明品牌认知度不足，传播效果不充分。九华秋浦胜境风景区不具备对消费者选择偏好的影响力，未能成为有用的竞争工具，不建议进行品牌延伸和联想。

九华秋浦胜境风景区旅游目的地品牌美誉度为 14.73%，已突破美誉度的第一个关键点 1.62%，这一阶段，消费者的口碑作用逐渐凸显出来，消费者的偏好越来越明显，属于有效自传播效应的发生时期。九华秋浦胜境风景区应该根据旅游目的地自身景点特色，结合当下社会热点，把控品牌自传播效应的骤增点。

九华秋浦胜境风景区旅游目的地品牌忠诚度为 17.27%，已经出现部分消费者两次或两次以上到达该旅游目的地旅游的现象，品牌忠诚度高于美誉度，其美誉度产生的正向口碑充分转化为九华秋浦胜境风景区的忠诚度。

三、九华秋浦胜境风景区旅游目的地品牌的价值测算

1. 主要参数及计算结果

对九华秋浦胜境风景区的品牌价值测算主要依据国家标准《品牌评价 旅游目的地》（GB/T 39869—2021），并完善了测量方法，将《品牌评价 旅游目的地》标准中五要素测算品牌强度的方法更换为各个信息总量 / 行业内品牌满信息量的方法，详细计算步骤见本书的第二章第二节，此

处不再赘述。

九华秋浦胜境风景区品牌价值测算结果，如表 7–14 所示。

表 7–14　九华秋浦胜境风景区品牌价值测算结果

旅游区域	自身品牌信息量（比特）	100% 时品牌信息量（比特）	比值 α	比值 β	单位品牌信息总量（亿 / 比特）	品牌价值 V（亿元）
九华秋浦胜境风景区	1200757334	24132817107	0.0497562	0.8742629	9.00987E–08	108.1866757

2. 九华秋浦胜境风景区品牌价值测算结果分析

由表 7–14 可知，根据品牌价值测算的修正思想，采取单位品牌信息总量（亿 / 比特）方式对品牌价值进行测算，得到九华秋浦胜境风景区的品牌价值为 108.1866757 亿元，在安徽省内旅游资源品牌价值排行中处于偏低水平。分析其基础数据可知，品牌知名度、认知度、美誉度和忠诚度均处于中等水平，且品牌信息总量处于中等偏下水平，导致品牌强度系数和品牌折现率数值不理想，该旅游景点的旅游收入也处于较低水平，使得九华秋浦胜境风景区的品牌价值测算结果不理想。

第八节　九子岩景区

一、九子岩景区简介

九子岩景区集自然风景和佛教文化于一体，是整个九华山的灵魂，九华山原名“九子山”即源于九子岩。九子岩景区山岳风光优美，其雄可敌黄山，其险可比华山，其秀可望黄山。景区内主峰天华峰海拔 1084 米，是大自然在九华山的代表作，可谓“登其峰，九华无峰；赏其景，九华无景”。唐代诗人刘禹锡的《九华山歌》第一句“奇峰一见惊魂魄”写尽了天华峰的奇伟风光。被“诗圣”李白形容为“天河挂绿水”的七布泉落差 80 余米，七折而下，是九子岩景区的一道亮丽的风景线。

九子岩景区是九华山佛教文化的发祥地，至今尚留有“金地藏第一修行处”。九子岩华严禅寺为九华山历代高僧大德修行参禅的场所。清末，华严禅寺受御封，创办了中国第一座高等学府“华严大学”，又名“广化院”（即“广教众生”的意思），尚分广化院上、下两院。建园后，华严禅寺及景区内的双溪寺更是九华山佛教文化的骄傲，孕育了九华山最著名的两位高僧大德：九华山祇园寺已故方丈仁德法师及中华人民共和国成立以来第一尊肉身菩萨“大兴菩萨”。

二、九子岩景区旅游目的地品牌的基础指标与分析

九子岩景区旅游目的地品牌基础数据，如表 7–15 所示。

表 7–15　九子岩景区旅游目的地品牌基础数据

指标 范围	知名度 （%）	认知度 （%）	美誉度 （%）	忠诚度 （%）	品牌信息总量估值 （比特）
全国	46.60	11.73	13.39	13.39	1311091388

九子岩景区的品牌信息总量估值为 1311091388 比特。在全国范围内，九子岩景区属于大规模旅游景区品牌。

九子岩景区旅游目的地品牌知名度为 46.60%，已突破知名度的第三个关键点 37.50%。突破这一关键点的表现为，半数以上的消费者对其表示非常熟悉，不仅认知程度深，也能够大致描述出其旅游目的地的风景、

品牌内涵或风景特色，并产生了明显的消费者区隔。若有相应的认知度，该品牌一般会具有一定的联想度，使品牌的延伸成为可能。

九子岩景区旅游目的地品牌认知度为 11.73%，与知名度的比值为 0.2517，未达到知名度的 33.33%，认知度不足，传播效果不充分。九子岩景区未能通过广告投入或宣传有效提高其知名度，且尚未充分地转化为消费者对于该旅游目的地品牌的认知，此阶段不建议进行品牌的延伸和联想。

九子岩景区旅游目的地品牌美誉度为 13.39%，已突破美誉度的第一个关键点 1.62%。在突破这个关键点后，消费者的口碑作用逐渐凸显出来，消费者之间的自传播现象增加，品牌美誉度略高于其认知度，说明消费者在该旅游目的地进行旅游体验后，对于该景区的景色和售后服务方面的口碑几乎全部转化为正向口碑。

九子岩景区旅游目的地品牌忠诚度为 13.39%，已经出现部分消费者两次或两次以上到达该旅游目的地旅游的现象，该旅游目的地品牌的美誉度得到了充分转化。

三、九子岩景区旅游目的地品牌的价值测算

1. 主要参数及计算结果

对九子岩景区的品牌价值测算主要依据国家标准《品牌评价 旅游目的地》（GB/T 39869—2021），并完善了测量方法，将《品牌评价 旅游目的地》标准中五要素测算品牌强度的方法更换为各个信息总量 / 行业内品牌满信息量的方法，详细计算步骤见本书的第二章第二节，此处不再赘述。

九子岩景区品牌价值测算结果，如表 7-16 所示。

表 7–16　九子岩景区品牌价值测算结果

旅游区域	自身品牌信息量（比特）	100% 时品牌信息量（比特）	比值 α	比值 β	单位品牌信息总量（亿 / 比特）	品牌价值 V（亿元）
九子岩景区	1311091388	24132817107	0.0543282	0.8006898	9.00987E–08	118.1276307

2. 九子岩景区品牌价值测算结果分析

由表 7–16 可知，根据品牌价值测算的修正思想，采取单位品牌信息总量（亿 / 比特）方式对品牌价值进行测算，得到九子岩景区的品牌价值为 118.1276307 亿元，在安徽省内旅游目的地的品牌价值排行中处于偏低水平。九子岩景区是九华山风景名胜区的主要景区之一，是祈福圣地，亦属于国家 AAAA 级景区，但可能是因为其基础设施不完善，造成该景区基础指标不高，品牌信息总量偏低，最终导致其品牌价值测算结果不理想。

第九节　地藏王圣像景区

一、地藏王圣像景区简介

大愿文化园——地藏王圣像景区由地藏菩萨铜像、内外明堂广场、佛文化展示中心、佛学院、普济院、小西天景区等景点组成。园内还有高品位的夜游项目、佛教音乐等。佛教音乐使游客在游览大愿文化园时，不仅受到巨大的视觉冲击，也感受到强烈的听觉震撼，受到心灵的洗礼。

九华山是中国四大佛教名山之一，大愿文化园——地藏王圣像景区是国家级重点风景名胜区、世界公认的地藏菩萨道场。99米高的地藏王菩萨露天大铜像位于九华山大愿文化园景区，是九华山打造世界一流旅游胜地和国际重要佛教道场的标志性工程。九华山风景区北麓柯村，规划保护面积459公顷。

二、地藏王圣像景区旅游目的地品牌的基础指标与分析

地藏王圣像景区旅游目的地品牌基础数据，如表7-17所示。

表7-17　地藏王圣像景区旅游目的地品牌基础数据

指标 范围	知名度 （%）	认知度 （%）	美誉度 （%）	忠诚度 （%）	品牌信息总量估值 （比特）
全国	47.05	10.76	14.06	13.36	1081388932

地藏王圣像景区的品牌信息总量估值为1081388932比特，在全国范围内属于大规模品牌，在消费者之间品牌的认知度较高。

地藏王圣像景区旅游目的地品牌知名度为47.05%，已突破知名度的第三个关键点37.50%，说明半数以上的消费者能够大致描绘出其旅游目的地的风景内容、票价以及品牌内涵和景色特征等，消费者对景区的认知程度较深，存在品牌延伸的可能性。

地藏王圣像景区旅游目的地品牌认知度为10.76%，与知名度的比值为0.2287，未达到知名度的33.33%，消费者对品牌认知度不足，传播效果不充分，不能作为有效的竞争工具，也不建议进行该旅游目的地的品牌延伸。品牌认知度低于其知名度，且差距较大，说明该旅游目的地在前期进行的广告宣传提高了其旅游目的地品牌的知名度，但未加深消费者对于该旅游目的地品牌的认知。

地藏王圣像景区旅游目的地品牌美誉度为14.06%，已经突破美誉度的第一个关键点1.62%，消费者的口碑作用逐渐凸显出来，并且消费者的

偏好和自传播现象越来越明显。品牌美誉度高于其认知度，说明该品牌在消费者旅游后的体验以及景色方面产生的正向口碑得到了充分转化。

地藏王圣像景区旅游目的地品牌忠诚度为 13.36%，已经出现部分消费者两次或两次以上到达该旅游目的地旅游的现象。品牌忠诚度略低于其美誉度，说明其消费者产生的正向口碑未充分转化为品牌忠诚度，仍需要加大对旅游景区的宣传力度。

三、地藏王圣像景区旅游目的地品牌的价值测算

1. 主要参数及计算结果

对地藏王圣像景区的品牌价值测算主要依据国家标准《品牌评价 旅游目的地》（GB/T 39869—2021），并完善了测量方法，将《品牌评价 旅游目的地》标准中五要素测算品牌强度的方法更换为各个信息总量 / 行业内品牌满信息量的方法，详细计算步骤见本书的第二章第二节，此处不再赘述。

地藏王圣像景区品牌价值测算结果，如表 7−18 所示。

表 7–18　地藏王圣像景区品牌价值测算结果

旅游区域	自身品牌信息量（比特）	100% 时品牌信息量（比特）	比值 α	比值 β	单位品牌信息总量（亿 / 比特）	品牌价值 V（亿元）
地藏王圣像景区	1081388932	24132817107	0.0448099	0.9707678	9.00987E−08	97.43173786

2. 地藏王圣像景区品牌价值测算结果分析

由表 7−18 可知，根据品牌价值测算的修正思想，采取单位品牌信息总量（亿 / 比特）方式对品牌价值进行测算，得到地藏王圣像景区的品

牌价值为 97.43173786 亿元，未能突破 100 亿元，在安徽省内旅游目的地的品牌价值排行中处于较低水平。地藏王圣像景区的品牌信息总量偏低，造成品牌折现率偏大，虽然景区所在市的旅游总收入不低，但品牌价值的测算结果不够理想。另外，该景区位于九华山大愿文化园景区，是重要的佛教道场，目标受众有限，即景区的游客数量受限，也可能是造成品牌价值测算结果不理想的原因之一。

第八章

黄山旅游目的地

第一节　黄山旅游景区

一、黄山旅游景区简介

黄山，是中华十大名山之一，天下第一奇山。黄山位于安徽省南部黄山市境内，有72峰，主峰莲花峰海拔约1864米，与光明顶、天都峰并称“三大黄山主峰”，为三十六大峰之一。黄山是安徽旅游的标志，是中国十大风景名胜中唯一的山岳风光，现为世界文化与自然双重遗产，世界地质公园，国家AAAAA级旅游景区，国家级风景名胜区，全国文明风景旅游区示范点。黄山原名“黟山”，因峰岩青黑，遥望苍黛而得名。后因传说轩辕黄帝曾在此炼丹，故改名为“黄山”。黄山的代表景观有“五绝三瀑”，“五绝”指奇松、怪石、云海、温泉、冬雪，“三瀑”指人字瀑、百丈泉、九龙瀑。黄山迎客松是安徽人民热情友好的象征，承载着拥抱世界的东方礼仪文化。

明代旅行家徐霞客登临黄山时赞叹：“薄海内外之名山，无如徽之黄山。登黄山，天下无山，观止矣！”被后人引申为“五岳归来不看山，黄山归来不看岳”。2017年12月，黄山入选教育部第一批全国中小学生研学实践教育基地、营地名单。

二、黄山旅游景区旅游目的地品牌的基础指标与分析

黄山旅游景区旅游目的地品牌基础数据，如表8–1所示。

表8–1　黄山旅游景区旅游目的地品牌基础数据

指标范围	知名度（%）	认知度（%）	美誉度（%）	忠诚度（%）	品牌信息总量估值（比特）
全国	82.85	40.59	5.08	43.71	2642299615

黄山旅游景区的品牌信息总量估值为 2642299615 比特。在全国范围内，黄山旅游景区已经成为同类旅游目的地中非常有影响力的旅游目的地品牌，并且已经进入品牌的成熟期，在全国拥有高知名度和高认知度，已经成为大众耳熟能详的旅游目的地品牌。

黄山旅游景区旅游目的地的品牌知名度为 82.85%，十分接近知名度的第五个关键点 84.45%，说明黄山旅游景区旅游目的地品牌获得了极高的消费者知名度，成为大众耳熟能详的品牌。此时，该品牌在行业内颇具影响力，超过 80% 的消费者对其广告或品牌内容已经非常熟悉。据此可以判断黄山旅游景区旅游目的地的消费者已经对其拥有充分的美誉度。此阶段的品牌一般也有着较高的品牌忠诚度，此时意味着该品牌具有很强的抗风险能力，到该旅游目的地旅游的游客数量不易衰减，即使不再使用广告，品牌依然会在消费者中长期存在。

黄山旅游景区旅游目的地品牌认知度为 40.59%，与知名度的比值为 0.4899，十分接近知名度的 50%，可以认为黄山旅游景区的认知度有效，传播效果较为充分。此时黄山旅游景区旅游目的地品牌不仅具有较高的知名度，消费者也对其有了较深的认知，已经具有一定的联想度，可以进行品牌的延伸。此时的品牌具有了对消费者选择偏好的影响力，其性质为有用的竞争工具，在竞争中作用明显。

黄山旅游景区旅游目的地品牌美誉度为 5.08%，略高于美誉度的第一个关键点。在突破这个关键点后，消费者的口碑作用逐渐凸显出来，消费者偏好越来越明显，消费者之间的传播也越来越广泛，但黄山旅游景区品牌的美誉度与其知名度、认知度的差距极大，说明黄山旅游景区在旅游目的地的管理上，尤其是景区面向到访者的相关服务等方面的管理工作存在诸多不足，应不断提升服务质量，增强黄山旅游消费者的体验感，促进消费者产生更多的自主正向传播口碑。

黄山旅游景区旅游目的地品牌的高忠诚度在安徽省内全部旅游目的

地排名中十分靠前，可以说黄山旅游景区是安徽省旅游目的地的强势品牌。其品牌忠诚度为43.71%，已经出现消费者两次或两次以上到达该旅游目的地旅游的现象；但是综合来看，该旅游目的地品牌获得的忠诚度并非全部由美誉度产生的正向口碑转化而来，可能更多是由于高知名度和高认知度的支撑，使得该品牌在其营销和相关销售方面获得游客的重复到访率。

三、黄山旅游景区旅游目的地品牌的价值测算

1. 主要参数及计算结果

对黄山旅游景区的品牌价值测算主要依据国家标准《品牌评价 旅游目的地》（GB/T 39869—2021），并完善了测量方法，将《品牌评价 旅游目的地》标准中五要素测算品牌强度的方法更换为各个信息总量 / 行业内品牌满信息量的方法，详细计算步骤见本书的第二章第二节，此处不再赘述。

黄山旅游景区品牌价值测算结果，如表 8–2 所示。

表 8–2 黄山旅游景区品牌价值测算结果

旅游区域	自身品牌信息量（比特）	100% 时品牌信息量（比特）	比值 α	比值 β	本市旅游总收入（亿元）	品牌价值 V（亿元）
黄山旅游景区	2642299615	24132817107	0.0930392	0.3972969	439.6729534	1106.660818

2. 黄山旅游景区品牌价值测算结果分析

由表 8–2 可知，F 值取值为黄山市的旅游收入，得到黄山旅游景区旅游目的地品牌价值为 1106.660818 亿元，品牌价值处于良好水平；同时，由黄山旅游景区旅游目的地品牌的基础指标与分析可知，其品牌知名度、

认知度、美誉度及忠诚度数据均为良好，且均超过各个指标的最低关键点，知名度甚至接近最高的关键点。因此，综合来看，黄山旅游景区在本报告的评价逻辑下，反映出较为出色的品牌能力，品牌运营实力雄厚，品牌溢价能力明显，品牌价值极高。

第二节　木坑竹海

一、木坑竹海简介

木坑竹海位于塔川东南 1.5 千米，距黟城北面 15 千米。漫山的竹林，郁郁葱葱，且前往游玩的游客不多，非常安静，让人心旷神怡。在气候条件好的时候，还可见到类似黄山云海的景致。木坑以竹海而著名，地处桃源山村东大门，为黄山入黟第一寨。木坑竹海又称“滴翠谷”，此谷纵深约 6 千米，四面环竹，形如金斗。雨后观景，翠竹深处，白云人家；晴观日出，有如黄山云海，翠浪波涛；谷中赏月，仿佛天上人间。

二、木坑竹海旅游目的地品牌的基础指标与分析

木坑竹海旅游目的地品牌基础数据，如表 8–3 所示。

表 8–3　木坑竹海旅游目的地品牌基础数据

指标 范围	知名度（%）	认知度（%）	美誉度（%）	忠诚度（%）	品牌信息总量估值（比特）
全国	49.10	7.53	13.84	15.20	1001508637

木坑竹海的品牌信息总量估值为 1001508637 比特。在全国范围内，品牌进入成长期，尚未进入快速成长期。在安徽省范围内，品牌已经成

为大众熟知的旅游目的地品牌。

木坑竹海旅游目的地品牌知名度为49.10%，已经突破知名度的第三个关键点37.50%。突破这一关键点的表现为，半数以上的消费者表示对其非常熟悉，不仅认知程度深，而且能够辨识其LOGO，能够大致描述出旅游目的地内景色、品牌内涵或者风景的特征，产生了明显的消费者区隔。若此时有相应的认识度，该品牌一般会具有一定的联想度，使品牌的延伸成为可能。

木坑竹海旅游目的地品牌认知度为7.53%，未达到知名度的33.33%，认知度不足且传播效果不充分。该品牌不具有一定的联想度，未具备进行品牌延伸的条件。此时的品牌对消费者选择偏好没有影响力，不能作为有效的竞争工具。

木坑竹海旅游目的地品牌美誉度为13.84%，已经突破美誉度的第一个关键点1.62%。在突破这个关键点后，消费者的口碑作用逐渐凸显出来，消费者偏好越来越明显，消费者之间的传播也越来越广泛，与其认知度相比，美誉度略低，说明消费者在此景点消费后，对于该景点的消费体验存在不满意的状况，消费者产生的消费体验并未充分转化为其对于该景点的正向口碑。

木坑竹海旅游目的地品牌忠诚度为15.20%，已经出现消费者两次或两次以上到达该旅游目的地旅游的现象。其中，品牌忠诚度略高于其美誉度，此时的品牌非常健康，但也存在一定的风险，因为忠诚度并不是完全由美誉度的正向口碑转化而来的，还有其他的一些信息促使消费者到达该旅游目的地旅游。

木坑竹海无论是按照国家标准《品牌评价 旅游目的地》（GB/T 39869—2021）还是按照品牌价值测算的修正思想，均难以测算出具有参考价值的品牌价值，为不影响本报告的整体价值，对该品牌仅按照《品牌评价 消费者感知测量指南》（GB/T 39071—2020）对品牌知名度、品牌认知度、品牌美誉度及品牌忠诚度关键指标以及品牌信息总量进行分析。

第三节　芙蓉谷

一、芙蓉谷简介

芙蓉谷，峡谷纵深 4 千米，群峰嵯峨，原始森林茂密。谷中有许多硕大如星的冰川潭砾交错溪中，每隔数米、数十米便有一彩色池潭。池潭直径 10 米左右，深 5 ～ 6 米，波光丽影、斑斓纷呈，形如盛开的芙蓉。潭中或有巨石半露水面，形似奇禽异兽；潭边或有小瀑垂悬，流玉飞珠，飘雾香甜醉人。池潭均为巨砾环抱，石上片片凹凸冰川磨面，恰似片片花瓣，与池中丽水相映衬，构成美妙的水景幻境神话世界，洋溢着青春神韵。芙蓉谷中这样的池潭大小有 100 多个，其中长径在 15 米以上的有 24 个。芙蓉谷的水源出自芙蓉峰白马源、散花坞谷溪、丹霞溪和九龙溪。芙蓉溪昵称春江，春江花月，春情脉脉。

由于芙蓉谷距黄山北大门索道下站很近，当地政府和群众联合修建成一条登山石道连接公路至索道站，进入峡谷途中，又相继建起一些亭台和小桥。各地游客纷纷到此观光探奇。谷中群峰嵯峨，怪石罗列，原始森林茂密，最奇特的则是翡翠池群。游芙蓉谷，从太平出发，向南沿甘芙高速公路行 10 千米即至谷口，交通便利。沿谷中观景石道上行 5 千米，可至松谷登山索道站，乘索道可直升黄山山顶。这条旅游线路是黄山北大门最美的登山旅游路线。

二、芙蓉谷旅游目的地品牌的基础指标与分析

芙蓉谷旅游目的地品牌基础数据，如表 8–4 所示。

表 8-4　芙蓉谷旅游目的地品牌基础数据

指标 范围	知名度（%）	认知度（%）	美誉度（%）	忠诚度（%）	品牌信息总量估值（比特）
全国	57.74	13.99	13.57	14.91	1465503420

芙蓉谷的品牌信息总量估值为 1465503420 比特。在全国范围内，芙蓉谷旅游目的地品牌已经进入快速成长期，正在逐步蜕变为大众耳熟能详的旅游目的地品牌。

芙蓉谷旅游目的地品牌知名度为 57.74%，已突破知名度的第三个关键点 37.50%。突破这一关键点的表现为，半数以上的消费者表示对其非常熟悉，不仅认知程度深，而且能够准确辨识出其 LOGO，能够大致描绘出该旅游目的地的风景特征、品牌内涵，以及产品、周边产品，产生了明显的消费者区隔。

芙蓉谷旅游目的地品牌认知度为 13.99%，未达到知名度的 33.33%，认知度一般，传播效果一般。此时该品牌具有一定的联想度，但尚未达到品牌延伸的条件。在此阶段，品牌不具有对消费者明显的偏好影响力。

芙蓉谷旅游目的地品牌美誉度为 13.57%，已经突破第一个关键点 1.62%，在突破这个关键点后，消费者的口碑作用逐渐凸显出来，并且消费者偏好越来越明显，消费者之间的传播也越来越广泛。此时品牌美誉度低于其认知度，说明消费者在该旅游目的地进行的消费以及获得的旅游体验，并未全部转化为其对于该旅游目的地的正向口碑，相关单位可以在售后服务以及景点维护方面下功夫。

芙蓉谷旅游目的地品牌忠诚度为 14.91%，出现消费者两次或两次以上到达该旅游目的地旅游的现象。品牌忠诚度略高于其美誉度，品牌健康存在一定的风险。美誉度产生了消费者对于该旅游目的地的正向口碑，还有其他原因使得品牌忠诚度高丁其美誉度。

芙蓉谷无论是按照国家标准《品牌评价 旅游目的地》（GB/T 39869—2021）还是按照品牌价值测算的修正思想，均难以测算出具有参考价值的品牌价值，为不影响本报告的整体价值，对该品牌仅按照《品牌评价 消费者感知测量指南》（GB/T 39071—2020）对品牌知名度、品牌认知度、品牌美誉度及品牌忠诚度关键指标以及品牌信息总量进行分析。

第四节　徽州古城

一、徽州古城简介

徽州古城，又名歙县古城，古称新安郡。徽州古城位于安徽省黄山市歙县徽城镇，总占地面积 24.7 平方千米。徽州古城始建于秦朝，自唐代以来，一直是徽郡、州、府治所在地，故县治与府治同在一座城内，形成了城套城的独特风格。徽州古城是中国三大地方学派之一的“徽学”的发祥地，被誉为“东南邹鲁”“礼仪之邦”。徽州古城分内城、外廓，有东西南北 4 个门。此外，还保留着瓮城、城门、古街、古巷等。

徽州古城景区包含徽园、渔梁坝、许国石坊、斗山街、陶行知纪念馆、新安碑园、太白楼七处景观，覆盖新安理学、徽派朴学、新安医学、新安画派、徽派版画、徽派篆刻、徽剧、徽商、徽派建筑、徽州“四雕”、徽菜、徽州茶道、徽州方言等徽州文化。徽州古城是保存完好的中国四大古城之一，1986 年被国务院列为国家历史文化名城，2014 年古徽州文化旅游区被列为国家 AAAAA 级景区。

二、徽州古城旅游目的地品牌的基础指标与分析

徽州古城旅游目的地品牌基础数据，如表 8–5 所示。

表 8–5　徽州古城旅游目的地品牌基础数据

指标 范围	知名度 （%）	认知度 （%）	美誉度 （%）	忠诚度 （%）	品牌信息总量估值 （比特）
全国	74.07	19.99	16.77	19.31	2306812945

徽州古城的品牌信息总量估值为 2306812945 比特。在全国范围内已经进入品牌的快速成长期，徽州古城正在蜕变为大众耳熟能详的旅游目的地品牌。

徽州古城旅游目的地品牌知名度为 74.07%，已经突破知名度的第四个关键点 61.80%。达到此关键点的品牌可以称之为高知名度品牌，具有充分的消费者认知和联想的基础，极有可能产生自我传播现象，半数以上的消费者表现出明显的选择偏好。

徽州古城旅游目的地品牌认知度为 19.99%，未达到知名度的 33.33%，与知名度的比值仅为 0.2699，说明徽州古城认知度一般，传播效果不充分。此时品牌的知名度尚未充分转化为消费者对于该旅游目的地品牌的认知，以维持知名度为目的，品牌管理的重心可以放在公共关系活动等促进美誉度形成与发展的内容上，广告类活动的密度可以逐步减小。

徽州古城旅游目的地品牌美誉度为 16.77%，已经突破美誉度的第一个关键点 1.62%。在突破这个关键点后，消费者的口碑作用逐渐凸显出来，消费者偏好越来越明显，消费者之间的传播也越来越广泛。品牌美誉度与其认知度相比较低，说明消费者的口碑并未充分转化为消费者对旅游目的地的正向口碑。相关单位可以在其旅游的售后方面和相关的风景维护方面下功夫。

徽州古城旅游目的地品牌忠诚度为 19.31%，忠诚度的形成无论高低都为有效。目前已经出现消费者两次或两次以上到达该旅游目的地旅游的现象，并且品牌忠诚度高于其美誉度，说明此时消费者的正向口碑充分转化为该旅游目的地品牌的忠诚度。

三、徽州古城旅游目的地品牌的价值测算

1. 主要参数及计算结果

对徽州古城旅游景区的品牌价值测算主要依据国家标准《品牌评价 旅游目的地》(GB/T 39869—2021)，并完善了测量方法，将《品牌评价 旅游目的地》标准中五要素测算品牌强度的方法更换为各个信息总量 / 行业内品牌满信息量的方法，详细计算步骤见本书的第二章第二节，此处不再赘述。

徽州古城品牌价值测算结果，如表 8–6 所示。

表 8–6　徽州古城品牌价值测算结果

旅游区域	自身品牌信息量（比特）	100% 时品牌信息量（比特）	比值 α	比值 β	该景点旅游收入（亿元）	品牌价值 V（亿元）
徽州古城	2306812945	24132817107	0.0955882	0.4550770	0.079817	0.175392291

2. 徽州古城品牌价值测算结果分析

由表 8–6 可知，以徽州古城景点旅游收入作为 F 值，计算得到徽州古城旅游目的地品牌价值为 0.175392291 亿元。尽管以绝对值来看，徽州古城的品牌价值测算结果与安徽省内其他旅游目的地或旅游品牌资源相去甚远，但是需要注意到，徽州古城品牌价值测算的 F 值是该景点的旅游收入。受 2020 年新冠疫情影响，徽州古城未能正常开放，正常开放后到访游客也较少，造成其品牌价值测算结果不理想。若以所在市的旅游收入计算，又会导致其过多地受到黄山旅游目的地的连带影响，使徽州古城的品牌价值测算结果失真，具体表现为评估过高，参考价值过低。

因此，为提高测算结果的参考价值，本报告在对徽州古城品牌价值的测算中坚持采用该景点旅游收入来计算。

第五节　新安江山水画廊

一、新安江山水画廊简介

新安江山水画廊风景区位于安徽省黄山市歙县深渡镇，全长约百里，景区以中国独特的徽文化与自然风光、古村落的结合著称。两岸生态环境呈现“高山林、中山茶、低山果、水中鱼”的立体生态格局，徽派古民居点缀在青山绿水之间，素有“东方多瑙河之称”的新安江穿行而过。一年四季景色各异，似一幅流动的山水画卷，故称之为新安江山水画廊。

新安江山水画廊景区途经歙县、雄村、桃花坝（或渔粱）、浦口、南源口、坑口、樟潭、棉潭、月潭至深渡镇，沿途景点有九砂民居、三潭枇杷园、绵潭徽戏、鱼鹰捕鱼、漳潭千年古樟、徽州十里红妆馆等。

二、新安江山水画廊旅游目的地品牌的基础指标与分析

新安江山水画廊旅游目的地品牌基础数据，如表 8–7 所示。

表 8–7　新安江山水画廊旅游目的地品牌基础数据

指标范围	知名度（%）	认知度（%）	美誉度（%）	忠诚度（%）	品牌信息总量估值（比特）
全国	53.14	7.59	15.64	17.41	1108470825

新安江山水画廊的品牌信息总量估值为1108470825比特。在全国范围内，新安江山水画廊已经进入品牌的快速成长期，正在蜕变为大众熟知的旅游目的地品牌。

新安江山水画廊旅游目的地品牌知名度为53.14%，已突破知名度的第三个关键点37.50%。突破这一关键点的表现为，半数以上的消费者表示对其非常熟悉，不仅认知程度深，而且能够准确辨识其LOGO，能够大致描述出旅游目的地的广告内容、品牌内涵或者风景特征，产生了明显的消费者区隔。此时若有相应的认知度，该品牌一般会具有一定的联想度，使品牌的延伸成为可能。

新安江山水画廊旅游目的地品牌认知度为7.59%，与知名度的比值为0.1428，未达到知名度的33.33%。认知度不足，传播效果不充分。此时该品牌尚未具有一定的联想度，消费者对于该景点的认识仅仅停留在对于景点的表面了解上，不建议进行品牌延伸和联想。

新安江山水画廊旅游目的地品牌美誉度为15.64%，已远超美誉度的第一个关键点1.62%。在突破这个关键点后，消费者的口碑作用逐渐凸显出来，消费者偏好越来越明显，消费者之间的传播也越来越广泛。这个阶段属于有效自传播效应的发生时期，在这一时期内的品牌极易发生品牌自传播骤增现象，但每个品牌的骤增点不确定，故该旅游目的地可以结合当下热点，把控自身品牌自传播效应发生的骤增点。

新安江山水画廊旅游目的地品牌忠诚度为17.41%，出现消费者两次或两次以上到达该旅游目的地旅游的现象。品牌忠诚度略高于其美誉度，说明其消费者产生的正向口碑充分地转化为品牌的忠诚度，且忠诚度与美誉度对品牌的营销、周边产品的销售起到了支撑作用。

新安江山水画廊无论是按照国家标准《品牌评价 旅游目的地》（GB/T 39869—2021）还是按照品牌价值测算的修正思想，均难以测算出具有参考价值的品牌价值，为不影响本报告的整体价值，对该品牌仅按照《品

牌评价 消费者感知测量指南》（GB/T 39071—2020）对品牌知名度、品牌认知度、品牌美誉度及品牌忠诚度关键指标以及品牌信息总量进行分析。

第六节　歙县雄村

一、歙县雄村简介

雄村地属全国历史文化名城——歙县，是一座教育发达、人才辈出的古村落。景区位于安徽歙县城郊，被誉为“新安第一岛，徽州最雄村”。雄村原名洪村，元末曹姓人入迁，取《曹全碑》中“枝分叶布，所在为雄”句改名为雄村。距今已有800多年的历史。雄村青山环抱，竹林掩翳，清碧的新安江水傍村流淌，是一块钟灵毓秀、风光旖旎的风水宝地，与“锦绣江南第一村”呈坎、“牌坊之乡”棠樾齐名。这里是聚族而居的一色曹姓，历代名臣辈出，确实“所在为雄”，而他们升入仕途都起步于村中的竹山书院。

二、歙县雄村旅游目的地品牌的基础指标与分析

歙县雄村旅游目的地品牌基础数据，如表8–8所示。

表8–8　歙县雄村旅游目的地品牌基础数据

指标 范围	知名度（%）	认知度（%）	美誉度（%）	忠诚度（%）	品牌信息总量估值（比特）
全国	46.66	13.49	14.02	12.72	1171777599

歙县雄村的品牌信息总量估值为1171777599比特。目前已经进入品牌的成长期，尚未进入品牌的快速成长期，正在逐渐蜕变为全国范围内

大众熟知的旅游目的地品牌。

歙县雄村旅游目的地品牌知名度为46.66%，已突破知名度的第三个关键点37.50%。突破这一关键点的表现为，半数以上的消费者表示对其非常熟悉，不仅认知程度深，而且能够准确辨识其LOGO，能够大致描绘出旅游目的地的广告内容、品牌内涵或者风景特征，产生了明显的消费者区隔。此时如果有相应的认知度，该品牌一般会具有一定的联想度，使品牌延伸成为可能。

歙县雄村旅游目的地品牌认知度为13.49%，未达到知名度的33.33%，品牌传播效果不充分。此时歙县雄村旅游目的地具有一定的联想度，但尚未具备品牌延伸的条件。

歙县雄村旅游目的地品牌美誉度为14.02%，已突破美誉度的第一个关键点1.62%。突破这个关键点后，消费者的口碑作用逐渐凸显出来，消费者偏好越来越明显，消费者之间的传播也越来越广泛。

歙县雄村旅游目的地品牌忠诚度为12.72%，已经出现消费者两次或两次以上到达该旅游目的地旅游的现象，但是品牌忠诚度低于其美誉度，此时，品牌的消费者正向口碑尚未充分转化为品牌的忠诚度，对品牌的营销和旅游目的地的宣传还未起到充分的传播作用和支撑作用。

三、歙县雄村旅游目的地品牌的价值测算

1. 主要参数及计算结果

对歙县雄村旅游景区的品牌价值测算主要依据国家标准《品牌评价 旅游目的地》（GB/T 39869—2021），并完善了测量方法，将《品牌评价 旅游目的地》标准中五要素测算品牌强度的方法更换为各个信息总量 / 行业内品牌满信息量的方法，详细计算步骤见本书的第二章第二节，此处不再赘述。

歙县雄村品牌价值测算结果，如表8–9所示。

表 8–9　歙县雄村品牌价值测算结果

旅游区域	自身品牌信息量（比特）	100% 时品牌信息量（比特）	比值 α	比值 β	所在镇财政收入（亿元）	品牌价值 V（亿元）
歙县雄村	1171777599	24132817107	0.0485554	0.8958846	0.23417	0.261384102

2. 歙县雄村品牌价值测算结果分析

观察表 8–9 可知，F 值选择歙县雄村所在镇财政收入，得到其品牌价值为 0.261384102 亿元。分析其基础数据可知，歙县雄村的品牌认知度未能达到知名度的 33.33%，其传播效果不充分，并且美誉度高于忠诚度，说明其美誉度未能充分转化为旅游目的地的品牌忠诚度，对忠诚消费者的转化造成一定的影响，并且该景点的品牌信息总量水平偏低，导致品牌强度系数和品牌折现率数值不理想，虽然其所在市的旅游总收入处于较高水平，但其品牌价值还是受到了负面影响。

第七节　屯溪老街

一、屯溪老街简介

屯溪老街坐落在安徽省黄山市屯溪区中心地段，北面依山，南面傍水，全长 1272 米，精华部分长 853 米，宽 5 ~ 8 米，包括 1 条直街、3 条横街和 18 条小巷，由不同年代建成的 300 余幢徽派建筑构成的整个街巷，呈鱼骨架形分布，西部狭窄，东部较宽。因屯溪老街坐落在横江、率水河和新安江三江汇流之处，所以又被称为“流动的清明上河图”，是中国保存最完整、最具有南宋和明清建筑风格的古老街市，也是“国家重点文物保护单位”。2009 年，屯溪老街与北京国子监街、苏州平江路一同当选为“中国历史文化名街”。

屯溪老街，原名屯溪街，由新安江、横江、率水河三江汇流之地的一个水埠码头发展起来。明弘治《休宁县志》中就已有“屯溪街”的名目记载。清康熙《休宁县志》记载：“屯溪街，县东三十里，镇长四里。”可见当时屯溪老街已经有了相当的规模。

屯溪老街的西端即老大桥在桥头紧连的一段曲尺形街道，原名八家栈，是屯溪老街的发祥地，也是屯溪的发祥地。屯溪老街的形成和发展，与宋徽宗迁都临安（今杭州）有着密不可分的关系。外出的徽商返乡后，模仿宋城的建筑风格在家乡大兴土木，所以屯溪老街又被称为“宋城”。

二、屯溪老街旅游目的地品牌的基础指标与分析

屯溪老街旅游目的地品牌基础数据，如表 8–10 所示。

表 8–10　屯溪老街旅游目的地品牌基础数据

指标 范围	知名度 （%）	认知度 （%）	美誉度 （%）	忠诚度 （%）	品牌信息总量估值 （比特）
全国	48.03	12.52	12.23	14.48	1146512147

屯溪老街的品牌信息总量估值为 1146512147 比特。目前在安徽省内已经进入品牌的快速成长期，正在逐步蜕变为在全国范围内大众熟知的旅游目的地品牌。

屯溪老街旅游目的地品牌知名度为 48.03%，已突破知名度的第三个关键点。突破此关键点的表现为，半数以上的消费者表示对其非常熟悉，并且能够大致描绘出该旅游目的地的风景、品牌内涵以及景色特征，产生了明显的消费者区隔。此时若具有相应的认知度，该品牌一般会具有一定的联想度，使品牌延伸成为可能。

屯溪老街旅游目的地品牌认知度为 12.52%，未达到知名度的 33.33%，认知度一般，传播效果一般。该品牌不具有对消费者选择偏好的影响力，尚未具备品牌延伸的条件，故不建议进行品牌延伸与联想。

屯溪老街旅游目的地品牌美誉度为 12.23%，已突破美誉度的第一个关键点 1.62%。突破这个关键点后，消费者的口碑作用逐渐凸显出来，消费者偏好越来越明显，消费者之间的传播也越来越广泛，但是品牌美誉度低于其认知度，说明消费者在该旅游目的地获得的体验尚未充分转化为消费者的正向口碑，相关单位可以在旅游目的地的售后服务、景点维护方面下功夫。

屯溪老街旅游目的地品牌忠诚度为 14.48%，无论高低即为有效。品牌忠诚度高于其美誉度，但并不全是由美誉度的正向口碑转化而来，其中还有其他的条件与原因，使品牌忠诚度得到提高。

屯溪老街无论是按照国家标准《品牌评价 旅游目的地》（GB/T 39869—2021）还是按照品牌价值测算的修正思想，均难以测算出具有参考价值的品牌价值，为不影响本报告的整体价值，对该品牌仅按照《品牌评价 消费者感知测量指南》（GB/T 39071—2020）对品牌知名度、品牌认知度、品牌美誉度及品牌忠诚度关键指标以及品牌信息总量进行分析。

第八节　西递

一、西递简介

西递镇，别称西溪、西川，隶属安徽省黄山市黟县，位于黟县东部，始建于北宋庆历七年（公元 1047 年）。西递镇素有中国古代和现代历史的衔接点、明清古民居博物馆、桃花源里人家、古民居建筑的艺术宝库等美誉。西递镇总面积 76.05 平方千米，辖 6 个行政村。西递镇常住人口 5795 人（2017）。2015 年，全镇财政收入完成 4008 万元，其中税收收入 3008 万元，社会固定资产投资 4.01 亿元，实现工业总产值 1.2 亿元，农村常住居民人均可支配收入为 12939 元。

西递镇是“中国十佳最具魅力名镇”，获得“全国文明村镇”“全国环境优美乡镇”“中国最值得外国人去的 50 个地方”以及 2019 年安徽第一批美丽乡村重点示范村等荣誉。

二、西递旅游目的地品牌的基础指标与分析

西递旅游目的地品牌基础数据，如表 8–11 所示。

表 8–11　西递旅游目的地品牌基础数据

指标 范围	知名度（%）	认知度（%）	美誉度（%）	忠诚度（%）	品牌信息总量估值（比特）
全国	58.01	13.90	15.43	17.39	1498706137

西递的品牌信息总量估值为 1498706137 比特。此时，已进入品牌的成长期，在安徽省范围内已经成为大众耳熟能详的旅游目的地品牌，正在蜕变为全国范围内大众熟知的旅游目的地品牌。

西递旅游目的地的品牌知名度为 58.01%，已经突破知名度的第三个关键点 37.50%。突破这一关键点的表现为，半数以上的消费者表示对其非常熟悉，不仅认知程度深，而且能够辨识其 LOGO，能够大致描述出其旅游目的地的风景、品牌内涵以及风景特征，产生了明显的消费者区隔。若有相应的认知度，该品牌一般会具有一定的联想度，使品牌延伸成为可能。

西递旅游目的地品牌认知度为 13.90%，未达到知名度的 33.33%，认知度不足，传播效果不充分。此时品牌具备一定的联想度，但不具备品

牌延伸的条件。此时的品牌对消费者选择偏好具有一定的影响力，其性质为有用的竞争工具，在竞争中作用明显。品牌认知度低于其知名度，说明消费者对于旅游目的地前期的广告以及宣传活动比较认可，但尚未充分转化为消费者对于该旅游目的地的深度认知。

西递旅游目的地品牌美誉度为 15.43%，已突破美誉度的第一个关键点 1.62%。在突破这个关键点后，消费者的口碑作用逐渐凸显出来，消费者的偏好越来越明显，在消费者之间的传播也越来越广泛。这个阶段属于有效自传播效应的发生时期，在这一时期内品牌极易发生自传播骤增现象。品牌美誉度高于其认知度，说明该旅游目的地的消费者已经有正向口碑产生，但是由认知度转化而来的正向口碑尚未对美誉度的形成和发展起到实质性的助推作用。

西递旅游目的地品牌忠诚度为 17.39%，已出现消费者两次或两次以上到达该旅游目的地旅游的现象。品牌忠诚度高于其美誉度，说明其正向口碑充分转化为品牌的忠诚度。美誉度与忠诚度也对该旅游目的地营销及其他销售工作起到了支撑作用。

三、西递旅游目的地品牌的价值测算

1. 主要参数及计算结果

对西递旅游景区的品牌价值测算主要依据国家标准《品牌评价 旅游目的地》（GB/T 39869—2021），并完善了测量方法，将《品牌评价 旅游目的地》标准中五要素测算品牌强度的方法更换为各个信息总量 / 行业内品牌满信息量的方法，详细计算步骤见本书的第二章第二节，此处不再赘述。

西递品牌价值测算结果，如表 8−12 所示。

表 8-12 西递品牌价值测算结果

旅游区域	自身品牌信息量（比特）	100% 时品牌信息量（比特）	比值 α	比值 β	单位品牌信息总量（亿 / 比特）	品牌价值 V（亿元）
西递	1498706137	24132817107	0.0621024	0.7004559	9.00987E−08	135.0314758

2. 西递品牌价值测算结果分析

由表 8-12 所示，根据品牌价值测算的修正思想，采取单位品牌信息总量（亿 / 比特）方式对品牌价值进行测算，得到西递旅游目的地的品牌价值为 135.0314758 亿元，在安徽省内旅游目的地品牌价值排行中处于一般水平。分析其中原因，主要在于西递旅游目的地品牌的认知度只占知名度的 23.96%，品牌传播效果极不充分，进而影响了其自身品牌信息量，拉低了品牌折现率，即表 8-12 的 α 比值仅为 0.0621024，使得西递旅游目的地的最终品牌价值的测算结果不够理想。

第九节 宏村

一、宏村简介

宏村，是安徽省黟县宏村镇下辖的行政村，是中国传统村落，位于黄山西南麓，村域面积 19.11 公顷。宏村始建于南宋绍兴年间（1131—1162 年），是一座“牛形村落”，整个村庄从高处看，宛若一头斜卧山前溪边的青牛。雷岗为牛首，参天古木为牛角，民居为牛躯，水圳为牛肠，月沼为牛胃，南湖为牛肚，河溪上架起的四座桥梁为牛腿。宏村三面环山，布局基本上是坐北朝南，基址处于山水环抱的中央。宏村的古建筑为徽式建筑，粉墙青瓦分列规整，檐角起垫飞翘，整个村落的选址、布局和建筑形态，强调天人合一、尊重自然、利用自然的理想境界，使宏村村落的整体轮廓与地形、地貌、山水等自然风光和谐统一。宏村现完好保存明清民居 140 余幢，主要景点有月沼、南湖、南湖书院、承志堂、宏村水圳、古树、树人堂、明代祠堂、乐叙堂等。2000 年，以宏村为代表的皖南古村落被联合国教科文组织列入世界文化遗产名录。2011 年 5 月，宏村景区被国家旅游局正式授予“国家 AAAAA 级旅游景区”称号。2012 年 12 月，宏村被中华人民共和国住房和城乡建设部、文化部、财政部联合公布为第一批中国传统村落。

二、宏村旅游目的地品牌的基础指标与分析

宏村旅游目的地品牌基础数据，如表 8–13 所示。

表 8–13　宏村旅游目的地品牌基础数据

指标 范围	知名度 （%）	认知度 （%）	美誉度 （%）	忠诚度 （%）	品牌信息总量估值 （比特）
全国	48.16	17.71	14.09	14.45	1369680615

宏村的品牌信息总量估值为 1369680615 比特。在全国范围内，宏村旅游目的地品牌刚刚进入成长期，尚未蜕变成大众耳熟能详的旅游目的地品牌。

宏村旅游目的地品牌知名度为 48.16%，突破知名度的第三个关键点 37.50%。突破这一关键点的表现为，半数以上的消费者表示对其非常熟悉，不仅认知程度深，而且能够准确辨识其 LOGO，能够大致描绘出旅游目的地的广告内容、品牌内涵以及景色特征，产生了明显的消费者区隔。若有相应的认知度，该品牌一般会具有一定的联想度，使品牌的延伸成为可能。

宏村旅游目的地品牌认知度为17.71%，超过了知名度的33.33%，认知度有效，但是认知度和传播效果一般。该品牌此时具有一定的联想度，使品牌的延伸成为可能。此时的品牌对消费者选择偏好具有一定的影响力，其性质为有用的竞争工具，在竞争中作用明显。该品牌认知度反映出旅游目的地前期所做的广告以及宣传活动得到了消费者的认可，但是尚未充分转化为消费者对该旅游目的地品牌的认知。

宏村旅游目的地品牌美誉度为14.09%，已突破美誉度的第一个关键点1.62%。突破这个关键点后，消费者的口碑作用逐渐凸显出来，消费者偏好越来越明显，消费者之间的传播也越来越广泛。品牌美誉度略低于其认知度，说明消费者的口碑尚未充分转化为对于品牌的正向口碑，不利于美誉度的形成和发展。

宏村旅游目的地品牌忠诚度为14.45%，略高于其美誉度，说明其转化的正向口碑促进了品牌忠诚度的提高，但是此现象说明此时的品牌具有一定的风险。品牌美誉度低于其忠诚度，说明该旅游目的地的品牌忠诚度并不是单纯由美誉度的正向口碑转化而来。

三、宏村旅游目的地品牌的价值测算

1. 主要参数及计算结果

对宏村旅游景区的品牌价值测算主要依据国家标准《品牌评价 旅游目的地》（GB/T 39869—2021），并完善了测量方法，将《品牌评价 旅游目的地》标准中五要素测算品牌强度的方法更换为各个信息总量 / 行业内品牌满信息量的方法，详细计算步骤见本书的第二章第二节，此处不再赘述。

宏村品牌价值测算结果，如表8-14所示。

表 8–14　宏村品牌价值测算结果

旅游区域	自身品牌信息量（比特）	100% 时品牌信息量（比特）	比值 α	比值 β	单位品牌信息总量（亿 / 比特）	品牌价值 V（亿元）
宏村	1369680615	24132817107	0.0567559	0.7664397	9.00987E–08	123.4064439

2. 宏村品牌价值测算结果分析

由表 8–14 可知，根据品牌价值测算的修正思想，采取单位品牌信息总量（亿 / 比特）方式对品牌价值进行测算，得到宏村旅游目的地品牌价值为 123.4064439 亿元，在安徽省内旅游资源品牌价值排名中处于中间偏下位置。未来宏村应注重对品牌内涵的打造，加强品牌宣传，提升目标消费者对宏村旅游目的地品牌 LOGO、标语、风景特色等的认知程度，进而提高品牌信息量，最终提升品牌价值的绝对值。

第十节　齐云山

一、齐云山简介

齐云山，古称白岳，位于徽州盆地，黄山脚下，屯溪西 33 千米处，皖赣铁路在齐云山脚经过，因其“一石插天，与云并齐”，故名“齐云山”。齐云山是一处以道教文化和丹霞地貌为特色的山岳风景名胜区，素有“黄山白岳甲江南”之称，为国家重点风景名胜区。齐云山海拔 585 米，有 36 奇峰、72 怪岩、24 飞涧，加之境内河、湖、泉、潭、瀑，构成一幅山清水秀、峭拔明丽的自然图画。齐云山的特点是峰峦怪谲，且多为圆锥体，远远望去，一个个面目各异的圆丘自成一格。齐云山的主要景观有洞天福地、真仙洞府、月华街、玄天太素宫、香炉峰、小壶天、玉虚宫、方腊寨、五青峰、云岩湖等。齐云山碑铭石刻星罗棋布，素有“江南第一名山”之美誉。该山道教始于唐乾元年间（公元758—公元760年），至明代道教盛行，香火旺盛，成为我国四大道教名山之一。

二、齐云山旅游目的地品牌的基础指标与分析

齐云山旅游目的地品牌基础数据，如表8–15所示。

表8–15　齐云山旅游目的地品牌基础数据

指标 范围	知名度（%）	认知度（%）	美誉度（%）	忠诚度（%）	品牌信息总量估值（比特）
全国	62.18	29.60	15.44	17.35	2384050408

齐云山的品牌信息总量估值为2384050408比特，表明齐云山旅游目的地品牌已经进入快速成长期，正在逐渐蜕变为全国范围内大众所熟知的旅游目的地品牌。

齐云山旅游目的地品牌知名度为62.18%，已突破知名度的第四个关键点61.80%。达到61.80%以上的品牌可以称之为高知名度品牌，具有充分的消费者认知和联想的基础。有充分的认知度基础的旅游目的地品牌有可能产生自传播现象，半数以上的消费者表现出明显的选择偏好，在无提示情境下，在同类产品的购买选择中，半数以上的消费者会把处于这一阶段知名度的品牌作为主要选项。

齐云山旅游目的地品牌认知度为29.60%，超过知名度的33.33%，但未能突破知名度的50%，说明齐云山旅游目的地品牌认知度有效，但认知度和传播效果一般，此时齐云山旅游目的地品牌具有一定的联想度，但尚未具备品牌延伸的条件。品牌管理的重心可以放在公共关系活动等促进品牌美誉度形成和发展的内容上，广告类活动的密度可以逐步减小，

无须再投入过多的精力。

齐云山旅游目的地品牌美誉度为15.44%，已突破美誉度的第一个关键点1.62%。突破这个关键点后，消费者的口碑作用逐渐凸显出来，消费者偏好越来越明显，消费者之间的传播也越来越广泛。这个阶段属于有效自传播效应发生时期，在这一时期内品牌极易发生品牌自传播骤增现象，但每个品牌的骤增点不确定，故齐云山旅游目的地可以结合自身景色特点，再配合当下社会热点，合理把控有效自传播效应发生时期的品牌骤增点。

齐云山旅游目的地品牌忠诚度为17.35%，已经出现消费者两次或两次以上到达该旅游目的地旅游的现象，并且品牌忠诚度高于其美誉度。美誉度产生的正向口碑已经充分转化为品牌的忠诚度，对消费者在此旅游目的地的购买以及营销活动起到支撑作用。

齐云山无论是按照国家标准《品牌评价 旅游目的地》（GB/T 39869—2021）还是按照品牌价值测算的修正思想，均难以测算出具有参考价值的品牌价值，为不影响本报告的整体价值，对该品牌仅按照《品牌评价 消费者感知测量指南》（GB/T 39071—2020）对品牌知名度、品牌认知度、品牌美誉度及品牌忠诚度关键指标以及品牌信息总量进行分析。

第十一节　棠樾牌坊群

一、棠樾牌坊群简介

郑村有一座石坊，叫“贞白里坊”，始建于元代，重建于1500年，坊上雕有“凤穿牡丹”和“双狮戏球”图案。郑村旁还有忠烈祠坊、司农卿坊、直秘阁坊，此三坊比肩而立，皆为明代正德年间所制。从郑村向西北行 1500 米即到堂樾牌坊群，这里保存有七座石坊、三座祠堂。从南宋开始，堂樾即是鲍氏一族聚居之处，几百年来鲍氏一族出了不少名人，如鲍象贤是明代末年两广总督，兵部侍郎，鲍淑芳是清代嘉庆年间的大盐商，后为盐运使，家资巨富。鲍淑芳曾率众捐银 300 万两修筑黄河堤，所做善事不计其数，朝廷为他建了“乐善好施坊”。堂樾的其他石坊都是孝道坊，每一座石坊背后都有一个传奇故事。石坊一旁还有祠堂，其中有一座女祠为全国罕见。从堂樾向北 1000 米是槐塘的“丞相状元坊”“龙兴独对坊”，皆是建筑独特、雕刻优美，不可不看。

二、棠樾牌坊群旅游目的地品牌的基础指标与分析

棠樾牌坊群旅游目的地品牌基础数据，如图 8-16 所示。

表 8-16 棠樾牌坊群旅游目的地品牌基础数据

指标 范围	知名度 （%）	认知度 （%）	美誉度 （%）	忠诚度 （%）	品牌信息总量估值 （比特）
全国	55.34	6.52	15.20	17.42	1101878939

棠樾牌坊群的品牌信息总量估值为 1101878939 比特。在全国范围内，该品牌已经进入快速成长期，并且正在逐步蜕变为大众耳熟能详的旅游目的地品牌。

棠樾牌坊群旅游目的地品牌知名度为 55.34%，已突破知名度的第三个关键点 37.50%。突破这一关键点的表现为，半数以上的消费者表示对其非常熟悉，不仅认知程度深，而且能够辨识其 LOGO，能够大致描绘出该旅游目的地的风景、品牌内涵以及景色特征，产生了明显的消费者区隔。若有相应的认知度，该品牌一般会具有一定的联想度，使品牌延伸成为可能。

棠樾牌坊群旅游目的地品牌认知度为 6.52%，未达到知名度的 33.33%，

品牌传播效果极差。品牌认知度与其知名度差距极大，说明该旅游目的地品牌前期的公关宣传活动几乎处于无效状态，未转化为消费者对于该旅游目的地品牌的认知了解。

棠樾牌坊群旅游目的地品牌美誉度为 15.20%，突破了美誉度的第一个关键点 1.62%。在突破这个关键点后，消费者的口碑作用逐渐凸显出来，消费者偏好越来越明显，消费者之间的传播越来越广泛。品牌美誉度低于其认知度，但已经有部分消费者产生了正向口碑，并且有利于美誉度的形成和发展。

棠樾牌坊群旅游目的地品牌忠诚度为 17.42%，已经出现消费者两次或两次以上到达该旅游目的地旅游的现象。品牌忠诚度高于其美誉度，说明其消费者的正向口碑已充分转化为品牌忠诚度。

三、棠樾牌坊群旅游目的地品牌的价值测算

1. 主要参数及计算结果

对棠樾牌坊群的品牌价值测算主要依据国家标准《品牌评价 旅游目的地》(GB/T 39869—2021)，并完善了测量方法，将《品牌评价 旅游目的地》标准中五要素测算品牌强度的方法更换为各个信息总量 / 行业内品牌满信息量的方法，详细计算步骤见本书的第二章第二节，此处不再赘述。

棠樾牌坊群品牌价值测算结果，如表 8–17 所示。

表 8–17　棠樾牌坊群品牌价值测算结果

旅游区域	自身品牌信息量（比特）	100% 时品牌信息量（比特）	比值 α	比值 β	单位品牌信息总量（亿 / 比特）	品牌价值 V（亿元）
棠樾牌坊群	1101878939	24132817107	0.0456589	0.9527159	9.00987E–08	99.27786079

2. 棠樾牌坊群品牌价值测算结果分析

由表 8–17 可知，根据品牌价值测算的修正思想，采取单位品牌信息总量（亿 / 比特）方式对品牌价值进行测算，得到棠樾牌坊群的品牌价值测算结果为 99.27786079 亿元，未达到 100 亿元，在安徽省内旅游目的地品牌价值测算排行中处于靠后位置。造成这一结果的原因可能是，棠樾牌坊群的知名度处于中等偏上水平，但其认知度非常低，这说明该景点对于旅游者来说没有形成明确的认知，景点的特色项目或特征未被记住。另外，棠樾牌坊群的品牌信息总量处于偏低水平，虽然所在市的旅游总收入不低，但仍造成了其品牌价值难以达到理想状态的结果。

第九章

宿州旅游目的地

第一节　皇藏峪国家森林公园

一、皇藏峪国家森林公园简介

皇藏峪国家森林公园位于安徽省宿州市萧县东南部，由瑞云寺景区、天门寺景区、樱桃沟景区、竹林寺景区和倒流河遗址区组成。地处陶墟山系南部的剥蚀低山丘陵区，山岩为石灰岩体，有许多天然洞穴及井泉、山石景观。最高峰为平顶山，海拔 389 米，一般山峰高度为 100 ～ 300 米。总面积 2273.33 公顷。1992 年，皇藏峪森林公园经国家林业部批准为国家级森林公园。

皇藏峪国家森林公园属暖温带季风气候区，处于亚热带和暖温带交汇地带，植被类型为暖温带落叶阔叶林。有木本植物 199 种，中草药 700 多种。其中，古树名木有 1000 多棵，主要有青檀、瓜子黄杨、栎树、南京椴、黄连木、侧柏、刺槐、泡桐、青桐、山杏、酸枣、棠梨、樱桃、石榴等。

二、皇藏峪国家森林公园旅游目的地品牌的基础指标与分析

皇藏峪国家森林公园旅游目的地品牌基础数据，如表 9–1 所示。

表 9–1　皇藏峪国家森林公园旅游目的地品牌基础数据

指标 范围	知名度 （%）	认知度 （%）	美誉度 （%）	忠诚度 （%）	品牌信息总量估值 （比特）
全国	48.98	13.00	11.86	15.14	1182660399

皇藏峪国家森林公园的品牌信息总量估值为1182660399比特。在全国范围内，品牌即将进入成长期，还未蜕变成大众耳熟能详的旅游目的地品牌。

皇藏峪国家森林公园旅游目的地品牌知名度为48.98%，已经突破知名度的第三个关键点37.50%。突破这一关键点的表现为，半数以上的消费者表示对其非常熟悉，不仅认知程度深，而且能够辨识其LOGO，也能够大致描绘出旅游目的地的广告内容、品牌内涵和景色特征，产生了明显的消费者区隔。

皇藏峪国家森林公园旅游目的地品牌认知度为13.00%，未达到知名度的33.33%，认知度不充分，传播效果一般。此时品牌具有了一定的联想度，使品牌延伸成为可能，但尚未具备品牌延伸的条件，故不建议进行品牌的延伸活动。

皇藏峪国家森林公园旅游目的地品牌美誉度为11.86%，超过美誉度的第一个关键点1.62%。突破这个关键点后，消费者的口碑作用逐渐凸显出来，消费者偏好越来越明显。此时品牌美誉度低于其认知度，说明已经有部分消费者产生了正向口碑，但尚未充分转化为对于该旅游目的地的正向口碑。

皇藏峪国家森林公园旅游目的地品牌忠诚度为15.14%，已出现消费者两次或两次以上到达该旅游目的地旅游的现象。品牌忠诚度高于其美誉度，说明消费者到达该旅游目的地旅游并不完全是因为其正向口碑，还有其他原因促使消费者到达该目的地旅游。

皇藏峪国家森林公园无论是按照国家标准《品牌评价 旅游目的地》（GB/T 39869—2021）还是按照品牌价值测算的修正思想，均难以测算出具有参考价值的品牌价值，为不影响本报告的整体价值，该品牌仅按照《品牌评价 消费者感知测量指南》（GB/T 39071—2020）对品牌知名度、品牌认知度、品牌美誉度及品牌忠诚度关键指标以及品牌信息总量进行分析。

第二节　萧县黄河故道湿地省级自然保护区

一、萧县黄河故道湿地省级自然保护区简介

萧县黄河故道湿地省级自然保护区，位于安徽省萧县境内，以古黄河河道为基础，保护区总面积 3200 公顷。刘套段湿地面积约 720 公顷，长 4.8 千米。流域面积 3200 公顷，其中核心区 752 公顷、缓冲区 998 公顷、实验区 1450 公顷。

萧县黄河故道湿地省级自然保护区主要保护对象为湿地生态系统和珍稀鸟类。境内分布维管束植物 38 科 68 种，水生浮游动物 23 种，底栖动物 15 种，鱼类 30 种，两栖类 6 种，爬行类 6 种，鸟类 91 种，兽类 10 种。其中，国家二级保护植物 3 种，国家二级保护鸟类 14 种。

1956 年，建立萧县黄河故道保护区。2012 年，萧县黄河故道保护区被省政府审批为省级湿地自然保护区。2017 年 4 月，萧县黄河故道进入首批安徽省级重要湿地名单。

二、萧县黄河故道湿地省级自然保护区旅游目的地品牌的基础指标与分析

萧县黄河故道湿地省级自然保护区旅游目的地品牌基础数据，如表 9–2 所示。

表 9–2　萧县黄河故道湿地省级自然保护区旅游目的地品牌基础数据

指标 范围	知名度（%）	认知度（%）	美誉度（%）	忠诚度（%）	品牌信息总量估值（比特）
全国	49.44	12.59	14.14	14.42	1208183964

萧县黄河故道湿地省级自然保护区的品牌信息总量估值为 1208183964 比特。该品牌已进入快速成长期，正在逐渐蜕变为全国范围内大众熟知的旅游目的地品牌。

萧县黄河故道湿地省级自然保护区旅游目的地品牌知名度为 49.44%，已突破知名度的第三个关键点 37.50%。突破这一关键点的表现为，半数以上的消费者表示对其非常熟悉，不仅认知程度深，而且能够辨识其 LOGO，也能够大致描述出旅游目的地的广告内容、品牌内涵或者产品的销售以及品牌的景色特征，产生了明显的消费者区隔。若有相应的认知度，该品牌一般会具有一定的联想度，使品牌延伸成为可能。

萧县黄河故道湿地省级自然保护区旅游目的地品牌认知度为 12.59%，未达到知名度的 33.33%，认知度不足，传播效果不充分。此时该品牌还不具有联想度，尚未具备品牌延伸的条件。

萧县黄河故道湿地省级自然保护区旅游目的地品牌美誉度为 14.14%，已经突破美誉度的第一个关键点 1.62%。突破这个关键点后，消费者的口碑作用逐渐凸显出来，消费者偏好越来越明显，消费者之间的传播也越来越广泛。这个阶段属于有效自传播效应的发生时期，在这一时期内品牌易发生自传播骤增现象，但每个品牌的骤增点不确定。

萧县黄河故道湿地省级自然保护区旅游目的地品牌忠诚度为 14.42%，已出现消费者两次或两次以上到达该旅游目的地旅游的现象。品牌忠诚度略高于其美誉度，说明其产生的正向口碑充分转化为品牌的忠诚度。品牌美誉度与忠诚度，也一定程度上对其相关营销活动以及旅游目的地的宣传活动起到了支撑作用。

萧县黄河故道湿地省级自然保护区无论是按照国家标准《品牌评价 旅游目的地》（GB/T 39869—2021）还是按照品牌价值测算的修正思想，均难以测算出具有参考价值的品牌价值，为不影响本报告的整体价值，对该品牌仅按照《品牌评价 消费者感知测量指南》（GB/T 39071—2020）

对品牌知名度、品牌认知度、品牌美誉度及品牌忠诚度关键指标以及品牌信息总量进行分析。

第三节　梨树王景区

一、梨树王景区简介

梨树王景区是安徽省宿州市砀山县梨花观赏景点，是当年乾隆皇帝品尝酥梨的地方，此处有著名书法家张克民书写的碑名——乌龙披雪。

良梨镇位于砀山县城东 15 千米处的黄河故道南岸。全镇 5.5 万人，辖 7 个行政村，5.2 万亩（1 亩≈0.0667 公顷）耕地是一个连片大果园。得天独厚的自然条件、丰富甘甜的地下水，孕育了独具魅力的砀山酥梨，多年来享有“良梨镇酥梨甲天下”的美誉。良梨镇酥梨，果大核小，皮薄汁多，黄亮形美，酥脆甘甜。有民谚说：“砀山梨，皮儿薄，落到地上找不着。”说的是酥梨从树上掉下来摔破化成了水，落地无渣，堪称天下一奇，良梨镇也因此而得名。

良梨镇酥梨营养丰富，含有人体必需的糖、氨基酸、维生素和多种矿物质，生熟食俱佳，被历代医药家称之为“果中甘露子，药中圣醍醐”。特别称奇的是，良梨镇境内有近万亩 300 多年树龄的梨园，树上结的果子更为奇妙，除分外酥脆甘甜外，兼有益神功效。

阳春三月，“忽如一夜春风来，千树万树梨花开”，一簇簇，一层层，似云似雪，铺天盖地，把良梨镇装扮成一个天然的大花园。清风徐来，花枝招展，清香缕缕，沁人心脾。在百亩老圃故土，有“乌龙披雪”景点，触目皆高龄梨树，像一排排巍然屹立的老战士，满园古树，肌肤苍黑，铁干嶙峋，乌鳞斑驳，枝杈遒劲，铁枝横斜，花白如银，虬曲如龙，缠裹掩映，披白灿灿一身银装，洒清甜甜漫天寒香，好一派乌龙披雪的美景。

梨树王就雄踞其间，是园中最大的一棵。杨继珂先生欣然命笔，题写“梨树王”。“梨树王”逾300年树龄，树径近2米，树高7米多，树冠盖地0.5亩（1亩≈0.0667公顷）。四月繁花遮地蔽天，八月硕果金珠坠地，年产量达2000多千克。中外游人至此，无不赞叹称奇，争与“梨树王”合影，缕缕遐想油然而生，留下美好的瞬间。

二、梨树王景区旅游目的地品牌的基础指标与分析

梨树王景区旅游目的地品牌基础数据，如表9–3所示。

表9–3 梨树王景区旅游目的地品牌基础数据

指标范围	知名度（%）	认知度（%）	美誉度（%）	忠诚度（%）	品牌信息总量估值（比特）
全国	47.98	23.23	14.26	15.65	1575188697

梨树王景区的品牌信息总量估值为1575188697比特。在全国范围内，品牌已经进入快速成长期，正在逐步蜕变为大众耳熟能详的旅游目的地品牌。

梨树王景区旅游目的地品牌知名度为47.98%，已突破知名度的第三个关键点37.50%。突破这一关键点的表现为，半数以上的消费者表示对其非常熟悉，不仅认知程度深，而且能够辨识其LOGO，也能够大致描述出旅游目的地的广告内容、品牌内涵以及风景特征，产生了明显的消费者区隔。若有相应的认知度，该品牌一般会具有一定的联想度，使品牌的延伸成为可能。

梨树王景区旅游目的地品牌认知度为23.23%，与知名度的比值为0.4842，

超过知名度的33.33%，但未达到知名度的50%，认知度一般，传播效果一般。此时的品牌还具有一定的联想度，但尚不具备品牌延伸的条件。处于此阶段的品牌对消费者选择偏好具有一定的影响力，能够成为有效的竞争工具。

梨树王景区旅游目的地品牌美誉度为14.26%，已经突破美誉度的第一个关键点1.62%。突破这个关键点后，消费者的口碑作用逐渐凸显出来，消费者偏好越来越明显，消费者之间的传播也越来越广泛。这个阶段属于有效自传播效应发生时期，在这一时期内品牌极易发生品牌自传播骤增现象，但每个品牌的骤增点不确定。

梨树王景区旅游目的地品牌忠诚度为15.65%。品牌的忠诚度无论高低，只要存在即为有效。品牌忠诚度的形成说明该品牌已经出现消费者两次或两次以上到达该旅游目的地旅游的现象。品牌忠诚度高于其美誉度，说明其产生的正向口碑充分转化为品牌的忠诚度。

梨树王无论是按照国家标准《品牌评价 旅游目的地》（GB/T 39869—2021）还是按照品牌价值测算的修正思想，均难以测算出具有参考价值的品牌价值，为不影响本报告的整体价值，对该品牌仅按照《品牌评价 消费者感知测量指南》（GB/T 39071—2020）对品牌知名度、品牌认知度、品牌美誉度及品牌忠诚度关键指标以及品牌信息总量进行分析。

第十章

宣城旅游目的地

第一节　恩龙山庄

一、恩龙山庄简介

恩龙山庄度假区位于安徽省东南部的宁国市。山庄内有大门景观、千亩银杏园、特色林果园、水上乐园、木屋别墅群、恩龙民俗风情园等主要景点和一座三星级旅游饭店，总投入 1.2 亿元，日接待能力达 5000 人。2005 年年底恩龙山庄跻身“国家 AAAA 级旅游景区”行列。度假区内民俗风情园，将全国十几个少数民族集中于一处，集中展现了不同民族的风土人情和民族建筑风格，分布着蒙古族、苗族、佤族、傣族、摩梭人家等民族村寨和异国风情表演区，在此游客可欣赏到别具特色的蒙古摔跤、苗族绣球舞、芦笙舞、傣族泼水、佤族剽牛、摩梭民歌等民族节目。游客可参与的互动性节目有苗族抢婚、苗族竹竿舞、蒙古射箭、高空溜索等。民俗风情园最具特色的项目有蜚声东南亚的泰国红艺人表演、飞车走壁、广西融水斗马、苗族上刀山下火海、斗牛表演、四川变脸喷火术等。其中泰国红艺人表演是其他旅游景区所不具备的一道独特的景观，让游客在旅游观光中不仅领略到景区秀美的自然风光，还能欣赏到民族文化和异国风情。

恩龙山庄内设有会议中心、商务中心、桑拿美容中心、垂钓中心、康乐中心和水上乐园等娱乐和休闲场所，空气清新，环境优雅；有人造园林、亭阁、水上曲桥；还有 44 幢古朴典雅、风格各异的木屋别墅。

恩龙山庄度假区还拥有亚热带最后一片原始森林——板桥自然保护区。那里有全国最大的溶洞，有鬼门关、翡翠岛、高峰谷等众多景点，还有鹿、云豹、娃娃鱼、猕猴等珍稀野生动物，整个自然保护区占地约 60 平方千米，是华东地区规模最人的自然生态旅游度假区。

二、恩龙山庄旅游目的地品牌的基础指标与分析

恩龙山庄旅游目的地品牌基础数据，如表 10–1 所示。

表 10–1　恩龙山庄旅游目的地品牌基础数据

指标 范围	知名度 （%）	认知度 （%）	美誉度 （%）	忠诚度 （%）	品牌信息总量估值 （比特）
全国	48.20	14.85	14.16	15.88	1263643018

恩龙山庄的品牌信息总量估值为 1263643018 比特。在全国范围内，恩龙山庄旅游目的地品牌已经进入快速成长期，正在逐步蜕变为大众耳熟能详的旅游目的地品牌。

恩龙山庄旅游目的地品牌知名度为 48.20%，已突破知名度的第三个关键点 37.50%。突破这一关键点的表现为，半数以上的消费者表示对其非常熟悉，不仅认知程度深，而且能够准确辨识其 LOGO，也能够大致描绘出该旅游目的地的产品风格、景色特征和相关内容，产生了明显的消费者区隔。

恩龙山庄旅游目的地品牌认知度为 14.85%，未达到知名度的 33.33%，但认知度不足，传播效果不充分。此时的品牌具有一定的联想度，但尚不具备品牌延伸的条件。处于此阶段的品牌对消费者选择偏好不具有影响力，未成为有效的竞争工具。

恩龙山庄旅游目的地品牌美誉度为 14.16%，突破美誉度的第一个关键点 1.62%。在突破这个关键点后，消费者的口碑作用逐渐凸显出来，消费者偏好越来越明显，消费者之间的传播也越来越广泛。这个阶段属于有效自传播效应发生时期，在这一时期内品牌极易发生品牌自传播骤增现象，但每个品牌的骤增点不确定。

恩龙山庄旅游目的地品牌忠诚度为15.88%，已经出现消费者两次或两次以上到达该旅游目的地旅游的现象。品牌忠诚度与其美誉度相比，略高于美誉度，说明其正向口碑充分转化为品牌的忠诚度，也对旅游目的地周围的营销活动产生了正向支撑作用，做出了贡献。

恩龙山庄旅游目的地品牌无论是按照国家标准《品牌评价 旅游目的地》（GB/T 39869—2021）还是按照品牌价值测算的修正思想，均难以测算出具有参考价值的品牌价值，为不影响本报告的整体价值，对该品牌仅按照《品牌评价 消费者感知测量指南》（GB/T 39071—2020）对品牌知名度、品牌认知度、品牌美誉度及品牌忠诚度关键指标以及品牌信息总量进行分析。

第二节　徽杭古道

一、徽杭古道简介

徽杭古道，起于安徽省宣城市绩溪县伏岭镇，止于浙江省杭州市临安区清凉峰镇浙基田村，全长20余千米，在杭徽公路通车前，是徽州人尤其是绩溪人通往沪、杭的捷径，比绕道昱岭关近50余千米。徽杭古道始建于唐代，是中国继“丝绸之路”“茶马古道”之后的第三条著名古道，是古时徽商和浙商互通贸易的重要通道，在历史上曾经发挥过巨大的政治、经济、文化作用，同时也是一条集自然风光、神秘文化于一体的走廊。2011年，徽杭古道成功创建国家AAAA级旅游景区；2013年，被国务院公布为第七批全国重点文物保护单位。2020年2月，为致敬奋斗在抗疫一线的医务工作者，景区自开放之日起至2020年12月31日向医护人员免费开放。

二、徽杭古道旅游目的地品牌的基础指标与分析

徽杭古道旅游目的地品牌基础数据，如表 10–2 所示。

表 10–2 徽杭古道旅游目的地品牌基础数据

指标 范围	知名度（%）	认知度（%）	美誉度（%）	忠诚度（%）	品牌信息总量估值（比特）
全国	47.80	10.42	11.29	12.88	1053106112

徽杭古道的品牌信息总量估值为 1053106112 比特。该旅游目的地品牌即将进入成长期，尚未蜕变成全国范围内大众耳熟能详的旅游目的地品牌。

徽杭古道旅游目的地的品牌知名度为 47.80%，已突破知名度的第三个关键点 37.50%。突破这一关键点的表现为，半数以上的消费者表示对其非常熟悉，不仅认知程度深，而且能够辨识其 LOGO，能大致描述出旅游目的地的广告内容、相关信息或景色特征，产生了明显的消费者区隔。

徽杭古道旅游目的地的品牌认知度为 10.42%，未达到知名度的 33.33%，认知度不足，传播效果不充分，此时该品牌还未具有一定的联想度。此阶段的品牌对消费者选择偏好具有一定的影响力，但还不能在竞争中凸显其作用。

徽杭古道旅游目的地的品牌美誉度为 11.29%，已突破美誉度的第一个关键点 1.62%。突破这个关键点后，消费者的口碑作用逐渐凸显出来，消费者偏好越来越明显，消费者之间的传播也越来越广泛。品牌美誉度与认知度相比高于认知度，说明消费者已经将徽杭古道旅游后获得的体验感转化成了正向口碑，促进了品牌美誉度的形成和发展。

徽杭古道旅游目的地的品牌忠诚度为 12.88%，忠诚度无论高低均为有效，忠诚度与美誉度相比高于美誉度，说明其消费者产生的正向口碑

充分转化为品牌的忠诚度，同时，美誉度与忠诚度对于该旅游目的地营销活动有实质性的支撑作用。

三、徽杭古道旅游目的地品牌的价值测算

1. 主要参数及计算结果

对徽杭古道旅游景区的品牌价值测算主要依据国家标准《品牌评价 旅游目的地》（GB/T 39869—2021），并完善了测量方法，将《品牌评价 旅游目的地》标准中五要素测算品牌强度的方法更换为各个信息总量 / 行业内品牌满信息量的方法，详细计算步骤见本书的第二章第二节，此处不再赘述。

徽杭古道品牌价值测算结果，如表 10–3 所示。

表 10–3　徽杭古道品牌价值测算结果

旅游区域	自身品牌信息量（比特）	100% 时品牌信息量（比特）	比值 α	比值 β	单位品牌信息总量（亿 / 比特）	品牌价值 V（亿元）
徽杭古道	1053106112	24132817107	0.0436380	0.9968393	9.00987E–08	94.8834925

2. 徽杭古道品牌价值测算结果分析

观察表 10–3 可知，根据品牌价值测算的修正思想，采取单位品牌信息总量（亿 / 比特）方式对品牌价值进行测算，得到徽杭古道旅游目的地品牌价值为 94.8834925 亿元，未能达到 100 亿元，但在安徽省全省旅游目的地品牌价值排行中处于靠后位置，不具有竞争优势。徽杭古道历史悠久，与“丝绸之路”“茶马古道”齐名，是古时徽商和浙商互通贸易的重要通道，在历史上曾经发挥过巨大的政治、经济、文化作用，由此积淀了一大批消费者。由徽杭古道旅游目的地品牌的基础指标与分析可知，

其知名度、美誉度及忠诚度数据良好，认知度阈值不甚理想，自身品牌信息量较低，品牌价值较低。因此，徽杭古道旅游目的地品牌价值提升空间较大，应进一步挖掘。

第三节　龙川风景名胜区

一、龙川风景名胜区简介

2012 年 11 月 12 日，安徽龙川景区荣膺国家 AAAAA 级旅游景区揭牌仪式在绩溪县龙川景区门前的广场上隆重举行，这是继黄山、九华山、天柱山、西递宏村和天堂寨之后，安徽省第六家国家 AAAAA 级景区。龙川是坑口村的古称，位于安徽省绩溪县城东北约 12 千米处。该村地势独特，风景优美。村前有龙须山，高大巍峨，村中有一条小溪（称川）穿村而过，整个村庄布局呈船形。坑口村是胡姓聚族而居的古村落，已有 1600 余年的历史。

龙川，山川秀丽，壮观奇伟，村东龙峰耸立，村西凤山相望，北有登源河蜿蜒而至，南有天马山奔腾而来，东西南北，山水相连，聚天地之灵，有人文之杰。村头水口有朝笏山鹤立，石境辉映，登临俯瞰，村若龙舟，志赴江海，傍水待发。据《龙川胡氏宗谱》记载：始祖胡炎，原居山东青州濮阳（今属河南），东晋大兴四年（公元 321 年），赐封散骑常侍兼中领军随元帝南下，镇守歙州（今歙县）。后于咸康元年（公元 335 年）元月，与绩溪华阳女王氏结为连理，并于两年后迁居此地。坑口村“东耸龙峰，西峙鸡冠，南则天马奔腾而上，北则长溪（登源河）蜿蜒而来，羡其山水清丽，便卜龙川之口荆林里聚族而居”。龙川旅游风景区人文景观与自然景观珠联璧合，浑然天成。龙川胡氏宗祠，为“江南第一祠”，素有“木雕艺术博物馆”和“民族艺术殿堂”之美称，1988 年被评为全国重点文物保护单位。奕世尚书坊是明代正宗石雕牌楼，为徽派石雕之最，1986 年被评为安徽省重点文物保护单位。

龙川，不仅历史悠久，而且山环水绕，景色秀丽。龙川村地形如靠岸之船，东耸龙须山，紧依登源河，南有龙川汇集，西偎凤冠秀峰，北峙崇山峻岭，独具特色。龙川不仅山水清丽，自古也是文风昌盛、人才荟萃之地。

龙川胡氏代有人才，是徽州出名的“进士村”。村内现有龙川胡氏宗祠、奕世尚书坊、徽商胡炳衡宅、胡宗宪故居等，是文化旅游、生态旅游和宗教旅游的绝佳住处。这里有千回百转的古廊桥，有历经千年的古祠堂，有一门三尚书的古牌坊，有千娇百媚的水街，有三江汇流的园林水口。众多徽文化遗产在这徽风古韵里、意境田园中得到有序传承。

龙川胡氏宗祠始建于宋，明嘉靖年间由胡宗宪倡导捐资修建，清光绪二十四年（1898 年）再度大修，总占地面积 1564 平方米。宗祠集徽派砖、木、石三雕和彩绘为一体，尤以 600 多件木雕部件技艺最为精湛。宗祠和谐厅的荷花图揭示出一种和合文化：社会要和谐，家庭要和美，人与人要和顺，世间万物奏出和鸣之声。

二、龙川风景名胜区旅游目的地品牌的基础指标与分析

龙川风景名胜区旅游目的地品牌基础数据，如表 10–4 所示。

表 10–4　龙川风景名胜区旅游目的地品牌基础数据

指标 范围	知名度 （%）	认知度 （%）	美誉度 （%）	忠诚度 （%）	品牌信息总量估值 （比特）
全国	49.86	12.53	13.36	15.43	1205908439

龙川风景名胜区的品牌信息总量估值为1205908439比特。在全国范围内，品牌已经进入快速成长期，但尚未蜕变成大众耳熟能详的旅游目的地品牌。

龙川风景名胜区旅游目的地品牌知名度为49.86%，已突破知名度的第三个关键点37.50%。突破这一关键点的表现为，半数以上的消费者表示对其非常熟悉，不仅认知程度深，而且能够准确辨识其LOGO，能够大致描述出旅游目的地的广告内容、品牌内涵以及景色特征，产生了明显的消费者区隔。若有相应的认知度，该品牌一般会具有一定的联想度，使品牌延伸成为可能。

龙川风景名胜区旅游目的地品牌认知度为12.53%，未达到知名度的33.33%，但认知度不足，传播效果不充分。此时该品牌具有一定的联想度，使品牌延伸成为可能，但尚不具备品牌延伸的条件。处于此阶段的品牌对消费者选择偏好具有一定的影响力，其性质为有用的竞争工具，在竞争中的作用明显。

龙川风景名胜区旅游目的地品牌美誉度为13.36%，已突破美誉度的第一个关键点1.62%。在突破这个关键点后，消费者的口碑作用逐渐凸显出来，消费者偏好越来越明显，消费者之间的传播也越来越广泛。品牌美誉度略高于其认知度，说明消费者口碑尚未充分转化为对于该旅游目的地的正向口碑。

龙川风景名胜区旅游目的地品牌忠诚度为15.43%，已出现消费者两次或两次以上到达该旅游目的地旅游的现象。品牌忠诚度与美誉度相比高于美誉度，说明其产生的正向口碑充分转化为品牌的忠诚度，对于品牌的营销活动以及旅游目的地的其他宣传营销活动有一定的支撑作用。

三、龙川风景名胜区旅游目的地品牌的价值测算

1. 主要参数及计算结果

对龙川风景名胜区旅游景区的品牌价值测算主要依据国家标准《品牌评价 旅游目的地》（GB/T 39869—2021），并完善了测量方法，将《品牌评价 旅游目的地》标准中五要素测算品牌强度的方法更换为各个信息总量 / 行业内品牌满信息量的方法，详细计算步骤见本书的第二章第二节，此处不再赘述。

龙川风景名胜区品牌价值测算结果，如表 10–5 所示。

表 10–5　龙川风景名胜区品牌价值测算结果

旅游区域	自身品牌信息量（比特）	100% 时品牌信息量（比特）	比值 α	比值 β	单位品牌信息总量（亿 / 比特）	品牌价值 V（亿元）
龙川风景名胜区	1205908439	24132817107	0.0499697	0.8705284	9.00987E–08	108.6507836

2. 龙川风景名胜区品牌价值测算结果分析

由表 10–5 可知，根据品牌价值测算的修正思想，采取单位品牌信息总量（亿 / 比特）方式对品牌价值进行测算，得到龙川风景名胜区旅游目的地品牌价值为 108.6507836 亿元，在安徽省内旅游目的地品牌价值排行中处于较低水平，不具有竞争优势。分析龙川风景名胜区品牌基础数据，发现其与徽杭古道旅游目的地品牌的基础数据较为相似，除认知度与知名度的比值较低外，知名度、美誉度和忠诚度指标数据均较好。龙川风景名胜区于 2012 年成为国家 AAAAA 级景区，加之拥有 1600 余年的历史文化底蕴，使其更多了一份历史的厚重感，但也要再对景区资源进行挖掘，以提升龙川风景名胜区品牌价值。

第四节　青龙湾生态度假区

一、青龙湾生态度假区简介

青龙湾生态度假区集山景、水景和人文景观为一体，生态资源十分丰富，森林覆盖率达78%，被誉为“一级空气一级水”。青龙湖是国家大型水利工程港口湾水库形成的人工湖泊，蓄水9.41亿立方米。湖面绵延34平方千米，有38个岛屿，湖光山色、绚丽多姿；板桥自然保护区保存有5万多亩（1亩≈0.0667公顷）郁郁葱葱的天然甜槠林，是北亚热带东北部边缘保存最好、林相最完整的唯一一片原始森林。此外，境内的石柱山、高峰山更是风景独特，极具开发价值。

青龙湾生态度假区覆盖青龙湖及周边乡镇和板桥自然保护区（省级），总面积达280平方千米，正在整合申报国家级森林公园，是宁国市生态建设和旅游开发的重中之重。

青龙湾生态度假区已完成总体规划和部分景区的详规编制，旅游基础设施工程也已启动，开发潜力巨大，适宜建设观光旅游、水上运动、休闲度假、影视基地和观光生态农业等项目。

二、青龙湾生态度假区旅游目的地品牌的基础指标与分析

青龙湾生态度假区旅游目的地品牌基础数据，如表10–6所示。

表10–6　青龙湾生态度假区旅游目的地品牌基础数据

指标 范围	知名度（%）	认知度（%）	美誉度（%）	忠诚度（%）	品牌信息总量估值（比特）
全国	59.30	8.06	14.74	17.91	1246617720

青龙湾生态度假区的品牌信息总量估值为1246617720比特，在全国

范围内，品牌已经进入快速成长期，正在逐渐蜕变为大众耳熟能详的旅游目的地品牌。

青龙湾生态度假区旅游目的地品牌知名度为59.30%，突破知名度的第三个关键点37.50%，并且接近第四个关键点61.80%。此时的品牌知名度相对较高，具有充分的消费者认知和联想的基础。在此阶段品牌表现为，半数以上的消费者表示对其非常熟悉，不仅认知程度深，而且能够准确辨识其LOGO，能大致描述出旅游目的地的景点、品牌内涵或者景色特征，产生了明显的消费者区隔。

青龙湾生态度假区旅游目的地品牌认知度为8.06%，未达到知名度的33.33%，此时的品牌不具备品牌延伸或联想的条件，不建议进行品牌延伸等活动。在开展品牌公共关系活动的时候，应当以加深消费者对于旅游目的地品牌的认知为目标。品牌认知度与知名度相比差距过大，说明前期的宣传未充分转化为消费者对于该品牌的认知。

青龙湾生态度假区旅游目的地品牌美誉度为14.74%，已经突破品牌美誉度的第一个关键点1.62%。突破这个关键点后，消费者的口碑作用逐渐凸显出来，消费者偏好越来越明显，消费者之间的传播也越来越广泛。这个阶段属于有效自传播效应发生时期，在这一时期内已发生品牌的自传播骤增现象。

青龙湾生态度假区旅游目的地品牌忠诚度为17.91%，忠诚度高于美誉度，说明美誉度产生的正向口碑也充分支撑了该品牌忠诚度的提高，同时出现了消费者两次或两次以上到达该旅游目的地旅游的现象。

三、青龙湾生态度假区旅游目的地品牌的价值测算

1. 主要参数及计算结果

对青龙湾生态度假区旅游景区的品牌价值测算主要依据国家标准《品牌评价 旅游目的地》（GB/T 39869—2021），并完善了测量方法，将《品

牌评价 旅游目的地》标准中五要素测算品牌强度的方法更换为各个信息总量 / 行业内品牌满信息量的方法，详细计算步骤见本书的第二章第二节，此处不再赘述。

青龙湾生态度假区品牌价值测算结果，如表 10–7 所示。

表 10–7 青龙湾生态度假区品牌价值测算结果

旅游区域	自身品牌信息量（比特）	100% 时品牌信息量（比特）	比值 α	比值 β	单位品牌信息总量（亿 / 比特）	品牌价值 V（亿元）
青龙湾生态度假区	1246617720	24132817107	0.0516565	0.8421006	9.00987E–08	112.318637

2. 青龙湾生态度假区品牌价值测算结果分析

观察表 10–7 可知，根据品牌价值测算的修正思想，采取单位品牌信息总量（亿 / 比特）方式对品牌价值进行测算，得到青龙湾生态度假区旅游目的地品牌价值为 112.318637 亿元，在安徽省内旅游目的地品牌价值排行中处于较低水平。分析造成这一结果的原因，可能是青龙湾生态度假区的品牌知名度较高，但认知度偏低，认知度未能达到知名度的 33.33%，消费者未能对该旅游景区的景致或服务产生明确的认知，并且该景区的品牌信息总量偏低，使得其品牌价值测算结果不理想。

第五节 太极洞

一、太极洞简介

太极洞位于安徽省宣城广德市新杭镇，距县城 35 千米，因“洞面有纹，类太极图”而得名。太极洞古名颇多，或称太极真境，或称广德埋藏，或称长乐洞，远在两汉时即已成为旅游胜地，宋明时声名益著，被视为人间奇景。

太极洞有“东南第一洞”的美誉，明代大文学家冯梦龙把太极洞誉为“天下四绝”之一，是中国最有名的道教道场之一。2001 年，太极洞被评为国家 AAAA 级风景区。2015 年 5 月，太极洞入选国家旅游局公布的首批“全国旅游价格信得过景区”名单。

二、太极洞旅游目的地品牌的基础指标与分析

太极洞旅游目的地品牌基础数据，如表 10–8 所示。

表 10–8 太极洞旅游目的地品牌基础数据

指标 范围	知名度 （%）	认知度 （%）	美誉度 （%）	忠诚度 （%）	品牌信息总量估值 （比特）
全国	60.64	26.91	15.51	18.85	2196763669

太极洞的品牌信息总量估值为 2196763669 比特，该品牌在全国范围内已经进入快速成长期，并且正快速地蜕变为大众耳熟能详的旅游目的地品牌。

太极洞旅游目的地品牌知名度为 60.64%，已突破知名度的第三个关键点 37.50%，并且较接近知名度的第四个关键点 61.80%。此时的旅游目的地品牌已经在全国范围内拥有较高的知名度，具有充分的消费者认知和联想的基础。此时的品牌也具有了对消费者选择偏好的影响力，其性质为有用的竞争工具，在竞争中的作用明显。

太极洞旅游目的地品牌认知度为 26.91%，与知名度的比值为 0.4438，认知度一般，传播效果一般。此时，该品牌具有一定的联想度，使品牌的延伸成为可能。此阶段品牌具有的知名度已接近饱和，品牌管理的重

心可以逐步转向公共关系活动等促进美誉度形成和发展的内容上，广告类活动的密度可以逐步减少，无须投入过多的精力。

太极洞旅游目的地品牌美誉度为 15.51%，突破美誉度的第一个关键点 1.62%。突破这个关键点后，消费者的口碑作用逐渐凸显出来，消费者偏好越来越明显，消费者之间的传播也越来越广泛。这个阶段属于有效自传播效应发生时期，这一时期内的品牌极易发生品牌自传播骤增现象，但每个品牌的骤增点不确定。

太极洞旅游目的地品牌忠诚度为 18.85%，已出现消费者两次或两次以上到达该旅游目的地旅游的现象。品牌忠诚度高于其美誉度，说明在美誉度中产生的正向口碑已充分地转化为品牌的忠诚度，美誉度与忠诚度也对其旅游目的地的营销宣传活动有支撑性作用。

三、太极洞旅游目的地品牌的价值测算

1. 主要参数及计算结果

对太极洞旅游景区的品牌价值测算主要依据国家标准《品牌评价 旅游目的地》(GB/T 39869—2021)，并完善了测量方法，将《品牌评价 旅游目的地》标准中五要素测算品牌强度的方法更换为各个信息总量 / 行业内品牌满信息量的方法，详细计算步骤见本书的第二章第二节，此处不再赘述。

太极洞品牌价值测算结果，如表 10–9 所示。

表 10–9 太极洞品牌价值测算结果

旅游区域	自身品牌信息量（比特）	100% 时品牌信息量（比特）	比值 α	比值 β	单位品牌信息总量（亿 / 比特）	品牌价值 V（亿元）
太极洞	2196763669	24132817107	0.0910281	0.4778746	9.00987E–08	197.9255525

2. 太极洞品牌价值测算结果分析

由表 10–9 可知，根据品牌价值测算的修正思想，采取单位品牌信息总量（亿 / 比特）方式对品牌价值进行测算，得到太极洞旅游目的地品牌价值为 197.9255525 亿元，在安徽省旅游目的地品牌价值排行中处于中等水平，竞争力较弱。原因可能在于，太极洞旅游目的地品牌知名度虽然达到 60.64%，属于知名度尚且理想的区域性品牌，但认知度阈值未达到知名度的 50%，品牌传播效果一般，导致太极洞旅游目的地品牌规模较小。尽管其品牌忠诚度较高，但太极洞难以打破区域性品牌的局限，其消费者或者访客绝大多数是当地居民，最终使得太极洞旅游目的地品牌价值在全省旅游目的地品牌价值排行中地位较低。

第六节　云岭新四军军部旧址纪念馆

一、云岭新四军军部旧址纪念馆简介

云岭新四军军部旧址纪念馆位于环境优美的安徽宣城市泾县云岭镇罗里村，距县城 25 千米的云岭地区，是全国重点文物保护单位，国家 AAAA 级旅游景区。主要景点包括新四军军部司令部、军部大会堂、中共中央东南局、修械所、政治部、教导队、战地服务团、烈士墓和叶挺桥等十处旧址。

云岭是黄山的余脉，海拔 500 多米，在云岭与四顾山之间形成了一条东西长 15 千米的山冲，其间分布有罗里村、汤村、高岭村、新村、南堡村、章家渡、中村等 30 多个自然村庄。1938 年 7 月，新四军军部进驻云岭地区后，军部司令部及其下设机构就设在以罗里村为中心的多个村庄里。至 1941 年 1 月撤离，新四军军部在云岭驻扎了 3 年之久。

二、云岭新四军军部旧址纪念馆旅游目的地品牌的基础指标与分析

云岭新四军军部旧址纪念馆旅游目的地品牌基础数据，如表 10−10 所示。

表 10−10　云岭新四军军部旧址纪念馆旅游目的地品牌基础数据

指标 范围	知名度（%）	认知度（%）	美誉度（%）	忠诚度（%）	品牌信息总量估值（比特）
全国	51.32	10.38	14.74	15.37	1383821639

云岭新四军军部旧址纪念馆的品牌信息总量估值为 1383821639 比特。在全国范围内，该旅游目的地品牌已经进入成长期，尚未蜕变成大众耳熟能详的旅游目的地品牌。

云岭新四军军部旧址纪念馆旅游目的地品牌知名度为 51.32%，已经突破知名度的第三个关键点 37.50%。突破这一关键点的表现为，半数以上的消费者表示对其非常熟悉且认知程度深，能够准确辨识其 LOGO，也能够大致描述出该旅游目的地的广告内容、品牌内涵以及景色特征，产生了明显的消费者区隔。若具有相应的认知度，该品牌一般会具有一定的联想度，使品牌延伸成为可能。

云岭新四军军部旧址纪念馆旅游目的地品牌认知度为 10.38%，未达到知名度的 33.33%，认知度不足，传播效果不充分。在此阶段，该品牌尚未具有一定的联想度，不具备品牌延伸的条件。此时的品牌对消费者选择偏好不具有影响力，其性质为有用的竞争工具，在竞争中作用不显著。

云岭新四军军部旧址纪念馆旅游目的地品牌美誉度为 14.74%，突破美誉度的第一个关键点 1.62%。突破这个关键点后，消费者的口碑作用逐渐凸显出来，消费者偏好越来越明显，消费者之间的传播也越来越广泛。

这个阶段属于有效自传播效应发生时期，在这一时期内品牌极易发生品牌自传播骤增现象，但每个品牌的骤增点不确定。

云岭新四军军部旧址纪念馆旅游目的地品牌忠诚度为15.37%，已出现消费者两次或两次以上到达该旅游目的地旅游的现象。品牌忠诚度略高于其美誉度，说明在美誉度中产生的正向口碑已充分转化为品牌的忠诚度，并且忠诚度与美誉度对旅游目的地相关营销活动有支撑作用与质量上的贡献。

云岭新四军军部旧址纪念馆旅游目的地品牌无论是按照国家标准《品牌评价 旅游目的地》（GB/T 39869—2021）还是按照品牌价值测算的修正思想，均难以测算出具有参考价值的品牌价值，为不影响本报告的整体价值，对该品牌仅按照《品牌评价 消费者感知测量指南》（GB/T 39071—2020）对品牌知名度、品牌认知度、品牌美誉度及品牌忠诚度关键指标以及品牌信息总量进行分析。

第十一章

安徽其他地区旅游目的地

第一节　三河古镇

一、三河古镇简介

三河古镇，古名鹊渚、鹊尾（渚）、鹊岸，是中国历史文化名镇，国家AAAAA级旅游景区，位于安徽省合肥市肥西县南端，地处肥西、庐江、舒城交界处，古镇总面积2.9平方千米。三河古镇原是巢湖中的高洲，因泥沙淤积，渐成陆地。南北朝后期称三汊河，明、清称三河镇。

三河古镇有丰乐河、杭埠河、小南河在境内汇合，经新河向东流约15千米入巢湖。镇内有古城墙、古炮台、太平军指挥部旧址、英王府、一人巷、万年台、李府粮仓、鹤庐、刘同兴隆庄等历史遗迹，是庐剧的发祥地。古镇有米饺、牛皮糖、酥糖、麦芽糖、茶干、米酒等特产。

二、三河古镇旅游目的地品牌的基础指标与分析

三河古镇旅游目的地品牌基础数据，如表11–1所示。

表11–1　三河古镇旅游目的地品牌基础数据

指标范围	知名度（%）	认知度（%）	美誉度（%）	忠诚度（%）	品牌信息总量估值（比特）
全国	53.83	16.91	13.19	16.10	1482320019

三河古镇的品牌信息总量估值为1482320019比特。该品牌还具有一定的区域特征，但已进入品牌的快速成长期，正在向品牌的成熟期过渡。

三河古镇的品牌知名度为53.83%，已突破知名度的第三个关键点37.50%。突破这一关键点的表现为，半数以上的消费者表示对其非常熟悉，认知程度深，并且能够大致描绘出该旅游目的地的相关景点、相关产品或景色特征，已经产生了明显的消费者区隔。

三河古镇旅游目的地品牌认知度为16.91%，尚未达到知名度的33.33%，认知度不足，传播效果不充分。此时该品牌不具有联想度，故在此阶段不建议进行品牌延伸和联想的相关活动。

三河古镇旅游目的地品牌美誉度为13.19%，突破了美誉度的第一个关键点1.62%。在突破这个关键点后，消费者口碑的作用逐渐凸显出来，并且消费者的偏好越来越明显，在消费者之间的传播也越来越广泛。这个阶段属于有效自传播效应的发生时期。

三河古镇旅游目的地品牌忠诚度为16.10%，已经出现消费者两次或两次以上到达该景点旅游的现象。在此阶段，消费者重复到达该景点旅游的可能性较大，说明其美誉度产生的正向口碑已充分转化为该品牌的忠诚度，也让更多的消费者成为该品牌的强偏好型消费者或者忠实消费者。

三、三河古镇旅游目的地品牌的价值测算

1. 主要参数及计算结果

对三河古镇旅游景区的品牌价值测算主要依据国家标准《品牌评价 旅游目的地》（GB/T 39869—2021），并完善了测量方法，将《品牌评价 旅游目的地》标准中五要素测算品牌强度的方法更换为各个信息总量/行业内品牌满信息量的方法，详细计算步骤见本书的第二章第二节，此处不再赘述。

三河古镇品牌价值测算结果，如表11–2所示。

表 11-2　三河古镇品牌价值测算结果

旅游区域	自身品牌信息量（比特）	100% 时品牌信息量（比特）	比值 α	比值 β	单位品牌信息总量（亿 / 比特）	品牌价值 V（亿元）
三河古镇	1482320019	24132817107	0.0614234	0.7081990	9.00987E−08	133.5551078

2. 三河古镇品牌价值测算结果分析

观察表 11−2 可知，根据品牌价值测算的修正思想，采取单位品牌信息总量（亿 / 比特）方式对品牌价值进行测算，得到三河古镇旅游目的地品牌价值为 133.5551078 亿元，在安徽省内旅游目的地品牌价值排行中竞争力处于一般水平。三河古镇旅游目的地品牌认知度未能达到知名度的 33.33%，说明消费者对该景点的景色或服务没有明确的认知，且自身品牌信息总量较低，导致品牌强度系数和品牌折现率数值不理想，但三河古镇所在市的旅游总收入较高，品牌价值达到理想水平。三河古镇作为国家 AAAAA 级景区，景致优美，气候宜人，应该多设立优质创收旅游项目，发挥古镇的特色旅游优势，进行重点宣传，实现品牌价值增值。

第二节　李鸿章府

一、李鸿章府简介

李鸿章府又名李氏家族旧宅、李府、李鸿章故居，位于安徽省合肥市庐阳区淮河路步行街中段 208 号，是晚清名臣李鸿章的家宅，典型的晚清江淮地区民居建筑。李鸿章府总占地面积 3500 平方米，由李府和淮系展馆两部分组成。李府占地面积 2000 平方米，淮系展馆占地面积 1500 多平方米。李府由南向北分为五进，依次为门厅、前厅、中厅和走马转心楼，后面是花园。

李鸿章府是合肥市“十大景点”之一和市民心中的首选景点，被列为全国重点文物保护单位、国家AAAA级旅游景区。

二、李鸿章府旅游目的地品牌的基础指标与分析

李鸿章府旅游目的地品牌基础数据，如表11–3所示。

表11–3　李鸿章府旅游目的地品牌基础数据

指标 范围	知名度 （%）	认知度 （%）	美誉度 （%）	忠诚度 （%）	品牌信息总量估值 （比特）
全国	68.90	27.40	13.58	16.75	2118259584

李鸿章府的品牌信息总量估值为2118259584比特。在全国范围内已经成为大众熟知的旅游目的地品牌，正在逐渐褪去品牌的地区特征。

李鸿章府旅游目的地品牌知名度为68.90%，已经突破知名度的第四个关键点61.80%，达到此关键点以上的品牌可以称之为高知名度品牌，具有充分的消费者认知和联想的基础，在认知度充分的前提下，极有可能产生自传播现象。半数以上的消费者已经表现出对此品牌的明显选择偏好，在无提示情境下，在同类产品的购买选择中，消费者会选择到该目的地来旅游。

李鸿章府旅游目的地品牌认知度为27.40%，未达到知名度的50%，但已超过知名度的33.33%。认知度有效且传播效果较充分，此时品牌的知名度已经充分地转化为消费者对于品牌的认知。消费者能够大致描述出景点的内容以及相关景点的特征，已经产生了明显的消费者区隔，在此基础上具有一定的联想度，可以进行适当的品牌延伸。

李鸿章府旅游目的地品牌美誉度为13.58%，已经突破美誉度的第一个关键点1.62%。在突破这个关键点后，消费者的口碑作用逐渐凸显出

来，消费者偏好越来越明显，消费者之间的传播也越来越广泛，但是美誉度与认知度差距较大，说明部分消费者到该旅游目的地旅游之后，对其景色或售后服务等未达到满意状态。

李鸿章府旅游目的地品牌忠诚度为 16.75%，已经出现消费者两次或两次以上到达该旅游目的地旅游的现象。品牌忠诚度高于其美誉度，说明美誉度的正向口碑已充分转化为品牌的忠诚度，也使一部分消费者变成了该旅游目的地的强偏好型消费者或者忠实消费者。

三、李鸿章府旅游目的地品牌的价值测算

1. 主要参数及计算结果

对李鸿章府旅游景区的品牌价值测算主要依据国家标准《品牌评价 旅游目的地》（GB/T 39869—2021），并完善了测量方法，将《品牌评价 旅游目的地》标准中五要素测算品牌强度的方法更换为各个信息总量 / 行业内品牌满信息量的方法，详细计算步骤见本书的第二章第二节，此处不再赘述。

李鸿章府品牌价值测算结果，如表 11–4 所示。

表 11–4　李鸿章府品牌价值测算结果

旅游区域	自身品牌信息量（比特）	100% 时品牌信息量（比特）	比值 α	比值 β	单位品牌信息总量（亿 / 比特）	品牌价值 V（亿元）
李鸿章府	2118259584	24132817107	0.0877751	0.4955849	9.00987E–08	190.8524365

2. 李鸿章府品牌价值测算结果分析

由表 11–4 可知，根据品牌价值测算的修正思想，采取单位品牌信息总量（亿 / 比特）方式对品牌价值进行测算，得到李鸿章府旅游目的地品牌价值为 190.8524365 亿元，在安徽省内旅游目的地品牌价值排行中处于

中等水平。李鸿章是中国清朝晚期的著名人物，其祖宅也具有非常浓厚的徽派建筑艺术气息，但根据其基础数据来看，消费者对李鸿章府的品牌认知度虽然超过了知名度的33.33%，但未达到知名度的50%，旅游者对该景点存在一定的认知局限性，且该景点虽为国家AAAA级旅游景区，但景点游玩项目单一，景点旅游价值有待提高。

第三节　采石矶风景名胜区

一、采石矶风景名胜区简介

采石矶，又名牛渚矶，位于安徽省马鞍山市西南的翠螺山麓，与城陵矶、燕子矶合称“长江三矶”，而采石矶以其险峻山势、绮丽风光、众多古迹居三矶之首，有“千古一秀”的美誉。采石矶内有翠螺湾、太白楼、谪仙园、林散之艺术馆、三元洞、延园、圆梦园、万竹坞、三台阁、李白纪念馆等景点。2020年12月，国家文化和旅游部公布其为国家AAAAA级旅游景区。

二、采石矶风景名胜区旅游目的地品牌的基础指标与分析

采石矶风景名胜区旅游目的地品牌基础数据，如表11–5所示。

表11–5　采石矶风景名胜区旅游目的地品牌基础数据

指标范围	知名度（%）	认知度（%）	美誉度（%）	忠诚度（%）	品牌信息总量估值（比特）
全国	47.35	17.67	12.22	15.92	461759968.9

采石矶风景名胜区的品牌信息总量估值为461759968.9比特，属于中

等规模品牌，具有明显的区域特征。

采石矶风景名胜区旅游目的地品牌知名度为47.35%，已突破知名度的三个关键点37.50%。突破这一关键点的表现为，半数以上的消费者表示对其非常熟悉，并且认知程度深，能够准确辨识其LOGO，大致描绘出该旅游目的地品牌的内容，以及旅游目的地相关的风景风格特征，产生了明显的消费者区隔。

采石矶风景名胜区旅游目的地品牌认知度为17.67%，与知名度的比值为0.3732，尽管超过了知名度的33.33%，但低于知名度的50%，说明采石矶风景名胜区旅游目的地品牌在消费者中认知度一般，传播效果一般。消费者并不知道关于该旅游目的地的更多信息，需要进行更多的有效宣传。

采石矶风景名胜区旅游目的地品牌美誉度为12.22%，已突破美誉度的第一个关键点1.62%，在突破这个关键点后，消费者之间的传播越来越广泛，同时消费者的正向口碑作用逐渐凸显出来。其美誉度与认知度差距较大，说明消费者对于该景点的品牌认知尚未全部转化为消费者对于该旅游目的地的正向口碑。

采石矶风景名胜区旅游目的地品牌忠诚度为15.92%，已出现消费者两次或两次以上到达过该旅游目的地旅游的现象。品牌忠诚度高于其美誉度，说明其正向口碑已充分转化为品牌的忠诚度，并且将部分消费者转化为该品牌的强偏好型消费者。

三、采石矶风景名胜区旅游目的地品牌的价值测算

1. 主要参数及计算结果

对采石矶风景名胜区旅游景区的品牌价值测算主要依据国家标准《品牌评价 旅游目的地》（GB/T 39869—2021），并完善了测量方法，将《品牌评价 旅游目的地》标准中五要素测算品牌强度的方法更换为各个信息总量 / 行业内品牌满信息量的方法，详细计算步骤见本书的第二章第二

节，此处不再赘述。

采石矶风景名胜区品牌价值测算结果，如表 11–6 所示。

表 11–6　采石矶风景名胜区品牌价值测算结果

旅游区域	自身品牌信息量（比特）	100% 时品牌信息量（比特）	比值 α	比值 β	单位品牌信息总量（亿 / 比特）	品牌价值 V（亿元）
采石矶风景名胜区	461759968.9	24132817107	0.0191341	2.2734269	9.00987E–08	41.60397328

2. 采石矶风景名胜区品牌价值测算结果分析

观察表 11–6 可知，根据品牌价值测算的修正思想，采取单位品牌信息总量（亿 / 比特）方式对品牌价值进行测算，得到采石矶风景名胜区旅游目的地品牌价值为 41.60397328 亿元，远远低于 100 亿元，在安徽省旅游目的地品牌价值排名中处于较低水平。分析其原因，可能在于认知度阈值不理想，品牌认知度为 17.67%，与知名度的比值仅为 0.3732，显著低于 50%，说明采石矶风景名胜区旅游资源在消费者中认知度一般，传播效果一般；同时，采石矶风景名胜区的品牌美誉度和忠诚度数据也较为一般，导致其品牌价值测算结果较低。

第四节　焦岗湖旅游景区

一、焦岗湖旅游景区简介

焦岗湖旅游景区位于安徽省淮南市西南部毛集综合实验区内，北距毛集镇 1 千米，东接八公山，南临千里淮河，被誉为“华东白洋淀”。焦岗湖上栖息着数量众多的鸟类，大雁是其中最亮丽的一道风景。焦岗湖的大雁大多是人工野生放养的，从1999年开始，焦岗湖上就有人尝试人工饲养大雁。大雁不但羽毛漂亮，绒毛轻暖，而且肉质鲜美，具有较高的经济价值和观赏价值，我国自古就有“宁吃飞禽四两，不吃走兽半斤”的说法。如今，人工饲养的大雁已由单一的鸿雁发展到鸿雁、豆雁、灰雁、雪雁四个品种。

焦岗湖以“水”闻名，景区环境优美、气候宜人，既有芦苇荡（鸟的天堂）、荷花淀、仙侣湖、渔业观光园、水上人家等水上景观，又有湖畔垂钓、芦荡探幽、荡舟采菱、湖中戏鸟、渔家寻乐、浪遏飞舟等休闲项目，兼有焦湖红心鸭蛋、醇香酒糟鱼、活鱼干吃、水晶贡圆、五香狗肉等特色产品，还有“仙侣下凡”“黑龙遭难”“神猴探宝”“赵匡胤困南唐”等美丽传说，堪称“养在深闺人未识”的生态旅游处女地。

焦岗湖与八公山森林公园和历史文化名城寿县，构成独特的山水城旅游“金三角”，是皖西北黄金旅游线上的重要景点。2004年7月，毛集综合实验区获得首批“全国农业旅游示范点”称号。2005年2月，焦岗湖旅游景区被评为“安徽省农家乐旅游示范点”。

二、焦岗湖旅游景区旅游目的地品牌的基础指标与分析

焦岗湖旅游景区旅游目的地品牌基础数据，如表11–7所示。

表11–7　焦岗湖旅游景区旅游目的地品牌基础数据

指标 范围	知名度 （%）	认知度 （%）	美誉度 （%）	忠诚度 （%）	品牌信息总量估值 （比特）
全国	45.15	10.42	14.61	14.04	1352752734

焦岗湖旅游景区的品牌信息总量估值为1352752734比特，品牌信息量较低，尚未达到全国品牌的规模要求，距离品牌的快速成长期较远。

焦岗湖旅游景区旅游目的地品牌知名度为45.15%，已经突破知名度

的第三个关键点 37.50%，但是与知名度的第三个关键点数值相近，说明焦岗湖旅游景区旅游目的地品牌所做的相关宣传还未充分发挥作用。目前半数消费者能够准确地识别其广告和产品，但是其品牌的知名度还有很大的提升空间。

焦岗湖旅游景区旅游目的地品牌认知度为 10.42%，与知名度的比值为 0.2308，未能达到知名度的 33.33%，说明焦岗湖旅游景区当前品牌传播效果不佳，不够充分。焦岗湖旅游景区前期虽然投入大量的广告和宣传活动经费，但尚未充分且高效地转化为消费者的认知，消费者对其还存在一定的认知偏差，对其品牌内涵认识较为模糊。

焦岗湖旅游景区旅游目的地品牌美誉度为 14.61%，已经突破美誉度的第一个关键点 1.62%。在突破这个关键点后，消费者的口碑作用逐渐凸显出来，消费者偏好越来越明显，在消费者之间的传播也越来越广泛。相对于认知度来说，美誉度较高，对品牌未来发展较为有益。

焦岗湖旅游景区旅游目的地品牌忠诚度为 14.04%，说明出现了部分到访焦岗湖旅游景区的消费者重复到访或连续到访该景区的现象，品牌已拥有强偏好型消费者甚至是忠诚消费者，其口碑对于忠诚度的转化程度较高。

焦岗湖旅游景区旅游目的地品牌无论是按照国家标准《品牌评价 旅游目的地》（GB/T 39869—2021）还是按照品牌价值测算的修正思想，均难以测算出具有参考价值的品牌价值，为不影响本报告的整体价值，对该品牌仅按照《品牌评价 消费者感知测量指南》（GB/T 39071—2020）对品牌知名度、品牌认知度、品牌美誉度及品牌忠诚度关键指标以及品牌信息总量进行分析。

第五节　寿县古城暨八公山风景区

一、寿县古城暨八公山风景区简介

寿县古城暨八公山风景区，位于安徽省淮南市八公山区，由大小40余座山峰叠嶂而成，面积达200余平方千米，主峰海拔241.2米。自2001年以来，先后挂牌八公山国家地质公园、八公山国家森林公园、八公山国家AAAA级旅游景区，主要景点有忘情谷、石门潭、乾隆玉笋等。

历史文化名山八公山，位于安徽省中部、淮河中游，是一座生命缘起之山，“淮南虫”化石是迄今为止发现的世界上年代最早的古生物化石，被国际地质学界誉为“蓝色星球上的生命起源”。

二、寿县古城暨八公山风景区旅游目的地的品牌的基础指标与分析

寿县古城暨八公山风景区旅游目的地品牌基础数据，如表11–8所示。

表11–8　寿县古城暨八公山风景区旅游目的地品牌基础数据

指标 范围	知名度 （%）	认知度 （%）	美誉度 （%）	忠诚度 （%）	品牌信息总量估值 （比特）
全国	44.53	13.17	12.60	13.52	1423954687

寿县古城暨八公山风景区的品牌信息总量估值为1423954687比特，品牌具有区域特征，在全国范围内，已经进入品牌的成长期，即将迎来品牌的快速成长期。

寿县古城暨八公山风景区旅游目的地品牌知名度为44.53%，已突破知名度的第三个关键点37.50%。突破这一关键点的表现为，半数以上的消费者表示对其非常熟悉，不仅认识程度深，而且能够准确辨识其LOGO，也能大致描述出其广告内容和景点的相关信息以及景点风格，

产生了明显的消费者区隔，此时的品牌对消费者选择偏好也具有一定的影响力。

寿县古城暨八公山风景区旅游目的地品牌认知度为 13.17%，未达到知名度的 50%，但超过知名度的 33.33%，认知度一般，传播效果一般。在此阶段已经具有了品牌联想形成的基础，但尚未具有一定的联想度，不建议进行品牌延伸和联想方面的宣传活动，应当以提高品牌知名度、增加消费者认知的活动为主。

寿县古城暨八公山风景区旅游目的地品牌美誉度为 12.60%，已经突破美誉度的第一个关键点 1.62%。在突破这个关键点后，消费者的口碑作用逐渐凸显出来，消费者偏好也越来越明显。此时品牌已经具有了对消费者选择偏好的影响力。

寿县古城暨八公山风景区旅游目的地品牌忠诚度为 13.52%，已经出现消费者两次或两次以上到达该景点旅游的现象，品牌忠诚度高于其美誉度，说明其正向口碑已充分转化为品牌的忠诚度，部分消费者也转化为此旅游目的地品牌的强偏好型消费者。

三、寿县古城暨八公山风景区旅游目的地品牌的价值测算

1. 主要参数及计算结果

对寿县古城暨八公山风景区的品牌价值测算主要依据国家标准《品牌评价 旅游目的地》（GB/T 39869—2021），并完善了测量方法，将《品牌评价 旅游目的地》标准中五要素测算品牌强度的方法更换为各个信息总量 / 行业内品牌满信息量的方法，详细计算步骤见本书的第二章第二节，此处不再赘述。

寿县古城暨八公山风景区品牌价值测算结果，如表 11–9 所示。

表 11-9　寿县古城暨八公山风景区品牌价值测算结果

旅游区域	自身品牌信息量（比特）	100% 时品牌信息量（比特）	比值 α	比值 β	所在县第三产业产值（亿元）	品牌价值 V（亿元）
寿县古城暨八公山风景区	1423954687	24132817107	0.0590049	0.7372268	110	149.2078169

2. 寿县古城暨八公山风景区品牌价值测算结果分析

由表 11-9 可知，F 值选择寿县古城暨八公山风景区所在县的第三产业产值，计算得到其品牌价值为 149.2078169 亿元，超过了 100 亿元，因此该品牌在安徽省内旅游目的地品牌价值排行中处于中等水平，不具有品牌竞争优势。分析其原因发现，寿县古城暨八公山风景区旅游目的地品牌基础数据中知名度为 44.53%，处于中等水平，认知度为 13.17%，尽管未达到知名度的 50%，但超过了知名度的 33.33%，有一定的品牌传播效果只是不显著。虽然其品牌强度系数和品牌折现率数值不够理想，但八公山属于历史文化名山，具有浓厚的文化底蕴，目标消费者范围广，其品牌价值测算结果仍有较大提升空间。

第六节　龙子湖风景区

一、龙子湖风景区简介

龙子湖风景区位于安徽省蚌埠市东部，为国家 AAAA 级旅游景区、国家级生态示范区和省级风景名胜区。景区由龙子湖、曹山、雪华山、西芦山及锥子山组成，大体呈“三山夹一湖”的独特地貌，总面积约 36

平方千米。

龙子湖风景区历史悠久，据明代天启年间的《凤阳新书》记载，龙子湖原是一片洼地，淮水倒灌，直至徐家桥，由此形成湖面。其水源同时来自梅花山、东芦山、西芦山之间的许多涧湾，最早被称为“九龙水汇注而成”的“龙子河”。龙子湖下游每遇丰水季节，成为湖面，故称“龙子湖”。其得名传说有三：一说湖边农民为纪念“双龙行雨”解除旱灾，故称“龙子湖”；二说朱元璋少年时在湖上划船，掉下的撑杆化龙升天，故名“龙子湖”；三说由民间传说“两条小白龙起雾行雨”，为沿湖百姓解除旱情而得名。

龙子湖是我国面积较大的城市内湖，呈南北走向，湖岸曲折多变，水面纵深开阔，从空中鸟瞰，形似一条腾空巨龙。蚌埠市委、市政府对龙子湖风景区的规划和建设高度重视，提出将龙子湖建成安徽第一、国内一流风景区的目标。2020 年以来，蚌埠经济开发区管理委员会继续推进龙子湖东岸水生态环境综合治理项目，3 月份开工建设了龙子湖东岸、南岸湿地公园项目（一期），占地及水域面积 51 万平方米，于 2021 年 9 月建成开放。2020 年 5 月 1 日，蚌埠市人大常委会重新修订完善并经安徽省人大常委会批准的《蚌埠市龙子湖景区条例》正式颁布实施，推动了景区的依法管理、规范管理、有效管理。

二、龙子湖风景区旅游目的地品牌的基础指标与分析

龙子湖风景区旅游目的地品牌基础数据，如表 11–10 所示。

表 11–10 龙子湖风景区旅游目的地品牌基础数据

指标范围	知名度（%）	认知度（%）	美誉度（%）	忠诚度（%）	品牌信息总量估值（比特）
全国	27.59	10.71	1.61	9.43	508305660.6

龙子湖风景区的品牌信息总量估值为 508305660.6 比特，属于中等规模品牌，仍具有较强的区域特征，正在向泛大众化品牌转变。

龙子湖风景区旅游目的地品牌知名度为 27.59%，突破知名度的第二个关键点 16.13%，说明半数消费者对该旅游目的地品牌已有较深认知，表现在对异质异价甚至风格不同的同类产品都有明显的购买意愿，形成了品牌偏好。

龙子湖风景区旅游目的地品牌认知度为 10.71%，与知名度的比值为 0.3882，略高于知名度的 33.33%，说明龙子湖风景区旅游目的地前期的广告宣传尚未充分转化为消费者对于该旅游目的地的品牌认知，消费者还只停留在对于该旅游目的地品牌的表面了解上。

龙子湖风景区旅游目的地品牌美誉度为 1.61%，未能突破美誉度的第一个关键点 1.62%。品牌美誉度在 0 ~ 1.62% 属于极低的范围，此时有少量消费者在自己进行消费者之间的传播和推荐，但数量极少，不具有明显的影响力。1.61% 的美誉度对龙子湖风景区后期的发展十分不利。

龙子湖风景区旅游目的地品牌忠诚度为 9.43%，已经出现消费者重复到达该旅游目的地旅游的现象。品牌忠诚度高于其美誉度，说明其正向口碑已充分转化为消费者对于该品牌的选择性偏好，也说明该品牌美誉度产生的正向口碑转化为品牌的忠诚度，对品牌的营销起到了支撑作用。

三、龙子湖风景区旅游目的地品牌的价值测算

1. 主要参数及计算结果

对龙子湖风景区的品牌价值测算主要依据国家标准《品牌评价 旅游目的地》(GB/T 39869—2021)，并完善了测量方法，将《品牌评价 旅游目的地》标准中五要素测算品牌强度的方法更换为各个信息总量 / 行业内品牌满信息量的方法，详细计算步骤见本书的第二章第二节，此处不再赘述。

龙子湖风景区品牌价值测算结果，如表 11–11 所示。

表 11–11　龙子湖风景区品牌价值测算结果

旅游区域	自身品牌信息量（比特）	100% 时品牌信息量（比特）	比值 α	比值 β	所在区财政收入（亿元）	品牌价值 V（亿元）
龙子湖风景区	508305660.6	24132817107	0.0210628	2.0652486	16.3712	7.926987653

2. 龙子湖风景区品牌价值测算结果分析

由表 11–11 可知，F 值选择龙子湖风景区旅游目的地品牌所在区的财政收入，计算得到其品牌价值为 7.926987653 亿元，在安徽省内旅游目的地品牌价值排行中几乎垫底。结合其品牌基础数据可知，龙子湖风景区旅游目的地的品牌知名度只有 27.59%，仅超过知名度的第二个关键点 16.13%，而其品牌认知度为 10.71%，其阈值，即认知度与知名度的比值仅略高于 33.33%，关键在于龙子湖风景区的品牌美誉度只有 1.61%，未能突破美誉度的第一个关键点 1.62%；同时，影响品牌价值的品牌强度系数 β 达 2.0652486，远远高于其他旅游目的地的品牌强度系数，最终导致龙子湖风景区的品牌价值只有不到 10 亿元。

第七节　浮山国家森林公园

一、浮山国家森林公园简介

浮山国家森林公园位于安徽省铜陵市枞阳县北部，距县城 36 千米，是省级风景名胜区、国家森林公园、国家地质公园，以火山地貌和摩崖石刻为特色。浮山毗邻白荡湖，三面环水，形成了“山浮水面水浮山”的奇观，并因此得名。

浮山国家森林公园规划面积200平方千米，主景区面积15平方千米。浮山是三十六洞天之一，与黄山、九华山、天柱山、琅琊山并称为安徽五大名山。浮山国家森林公园地处皖江城市带中心，京台高速穿境而过，济祁高速和北沿江高速纵横境内，邻近宁安高速铁路。

1987年，安徽省正式公布浮山为第一批省级风景名胜区。1992年，经原国家林业部批准，建立国家森林公园，2001年成为国家地质公园。

二、浮山国家森林公园旅游目的地品牌的基础指标与分析

浮山国家森林公园旅游目的地品牌基础数据，如表11–12所示。

表11–12　浮山国家森林公园旅游目的地品牌基础数据

指标 范围	知名度 （%）	认知度 （%）	美誉度 （%）	忠诚度 （%）	品牌信息总量估值 （比特）
全国	53.37	17.05	12.44	14.32	1825343422

浮山国家森林公园的品牌信息总量估值为1825343422比特，在安徽省境内浮山国家森林公园已经成为大众耳熟能详的旅游目的地品牌，但在全国范围内浮山国家森林公园刚进入品牌的快速成长期，正在向品牌的成熟期过渡。

浮山国家森林公园旅游目的地品牌知名度为53.37%，已突破知名度的第三个关键点37.50%。突破这一关键点表现为，半数以上的消费者表示对其非常熟悉，不仅认知程度深，而且能够准确辨识其LOGO，能够大致描述其风景内容以及相关的景点特征和门票售价等，已经产生了明显的消费者区隔。若有相应的认知度，该品牌一般会具有一定的品牌联想度。

浮山国家森林公园旅游目的地品牌认知度为17.05%，与知名度的比值只有0.3195，未达到知名度的33.33%，认知度一般，说明浮山国家森林公园旅游目的地的品牌传播效果较差。此时的品牌不具有对消费者选择偏好的影响力，并且可以看出浮山国家森林公园前期的广告投入以及宣传活动，使得消费者对于该旅游目的地品牌有了一定的认知。

浮山国家森林公园旅游目的地品牌美誉度为12.44%，已突破美誉度的第一个关键点1.62%。在突破这个关键点后，消费者的口碑作用逐渐凸显出来，消费者偏好越来越明显，消费者之间的传播也越来越广泛，说明消费者的认知和消费者在到达该景点后的旅游体验感以及对风景的满意度尚未充分转化为消费者对于该旅游目的地品牌的正向口碑，相关单位可以在售后服务、景点维护方面下功夫。

浮山国家森林公园旅游目的地品牌忠诚度为14.32%，已经出现消费者两次或两次以上到达该旅游目的地旅游的现象，品牌忠诚度与美誉度相比略高于美誉度，说明美誉度产生的正向口碑已充分转化为品牌的忠诚度，对于该旅游目的地品牌的营销和产品销售起到了支撑作用，做出了贡献。

三、浮山国家森林公园旅游目的地品牌的价值测算

1. 主要参数及计算结果

对浮山国家森林公园旅游景区的品牌价值测算主要依据国家标准《品牌评价 旅游目的地》（GB/T 39869—2021），并完善了测量方法，将《品牌评价 旅游目的地》标准中五要素测算品牌强度的方法更换为各个信息总量 / 行业内品牌满信息量的方法，详细计算步骤见本书的第二章第二节，此处不再赘述。

浮山国家森林公园品牌价值测算结果，如表11−13所示。

表 11-13　浮山国家森林公园品牌价值测算结果

旅游区域	自身品牌信息量（比特）	100% 时品牌信息量（比特）	比值 α	比值 β	单位品牌信息总量（亿 / 比特）	品牌价值 V（亿元）
浮山国家森林公园	1825343422	24132817107	0.0756374	0.5751123	9.00987E−08	164.4610708

2. 浮山国家森林公园品牌价值测算结果分析

由表 11−13 可知，根据品牌价值测算的修正思想，采取单位品牌信息总量（亿 / 比特）方式对品牌价值进行测算，得到浮山国家森林公园旅游目的地品牌价值为 164.4610708 亿元，在安徽省旅游目的地品牌价值排行中处于中等水平。分析其原因，可能在于品牌认知度阈值不理想，导致品牌自身信息量水平较低，拉低了浮山国家森林公园旅游目的地的品牌价值测算结果。

第八节　八里河风景区

一、八里河风景区简介

八里河风景区，位于安徽省阜阳市东南的颍上县，南临淮水，东濒颍河，北距颍城 8 千米，西迄阜阳 60 千米，东南距合肥 170 千米。旅游区总占地面积 15.8 平方千米，分为鸟语林、西区、东区、十二花岛、明清苑五大景点。

八里河风景区属于内陆湖，处于暖温带向亚热带过渡带，四季分明。八里河风景区年平均降水量为 923.8 毫米，年平均气温为 15.1 摄氏度，年平均日照时数达 2213.3 小时。2013 年 10 月，八里河风景区被国家旅游局授予“国家AAAAA级风景区”称号。2014年11月，八里河风景区正式成为国家级水利风景区。

二、八里河风景区旅游目的地品牌的基础指标与分析

八里河风景区旅游目的地品牌基础数据，如表11–14所示。

表11–14 八里河风景区旅游目的地品牌基础数据

指标 范围	知名度 （%）	认知度 （%）	美誉度 （%）	忠诚度 （%）	品牌信息总量估值 （比特）
全国	57.94	14.25	13.30	15.81	1477779247

八里河风景区的品牌信息总量估值为1477779247比特。在全国范围内，八里河风景区旅游目的地品牌已经进入品牌的成长期，但尚未进入品牌的快速成长期，正在逐步蜕变为大众熟知的旅游目的地品牌。

八里河风景区旅游目的地品牌知名度为57.94%，突破了知名度的第三个关键点37.50%。突破这一关键点的表现为，半数以上的消费者表示对其非常熟悉，说明八里河风景区旅游目的地品牌前期投入的广告和宣传类活动得到了很好的回应，品牌知名度得到了有效的提升。

八里河风景区旅游目的地品牌认知度为14.25%，未达到知名度的33.33%，认知度不足，传播效果不充分。此时该品牌具有一定的联想度，但是尚未具备品牌延伸的条件。此时的品牌不具有对消费者选择偏好的影响力。

八里河风景区旅游目的地品牌美誉度为13.30%，已突破美誉度的第一个关键点1.62%。突破这个关键点后，消费者的口碑作用逐渐凸显出来，消费者偏好越来越明显，消费者之间的传播也越来越广泛。品牌美誉度低于认知度，说明消费者产生了正向口碑，但是在旅游目的地的体验过程中仍有不满意的地方，故相关单位可以在旅游目的地的售后服务

以及景点维护方面进行补充提升。

八里河风景区旅游目的地品牌忠诚度为15.81%，已经出现消费者两次或两次以上到达该旅游目的地旅游的现象，但品牌忠诚度高于美誉度，说明其正向口碑已充分转化为品牌的忠诚度，对品牌的营销活动以及相关的营销服务类活动起到了支撑作用，做出了贡献。

三、八里河风景区旅游目的地品牌的价值测算

1. 主要参数及计算结果

对八里河风景区的品牌价值测算主要依据国家标准《品牌评价 旅游目的地》（GB/T 39869—2021），并完善了测量方法，将《品牌评价 旅游目的地》标准中五要素测算品牌强度的方法更换为各个信息总量 / 行业内品牌满信息量的方法，详细计算步骤见本书的第二章第二节，此处不再赘述。

八里河风景区品牌价值测算结果，如表11–15所示。

表11–15　八里河风景区品牌价值测算结果

旅游区域	自身品牌信息量（比特）	100%时品牌信息量（比特）	比值 α	比值 β	单位品牌信息总量（亿 / 比特）	品牌价值 V（亿元）
八里河风景区	1477779247	24132817107	0.0612353	0.7103751	9.00987E–08	133.1459902

2. 八里河风景区品牌价值测算结果分析

由表11–15可知，根据品牌价值测算的修正思想，采取单位品牌信息总量（亿 / 比特）方式对品牌价值进行测算，得到八里河风景区品牌价值为133.1459902亿元，总体来看其品牌价值的绝对值在安徽省内旅游目的地品牌价值排行中并不属于优秀水平，与其全国范围内的57.94%的较

高知名度有出入。导致八里河风景区品牌价值较低的原因可能是较低的品牌认知度及其阈值。由八里河风景区旅游目的地品牌的基础数据可知，品牌认知度为 14.25%，认知度阈值低于 33.33% 的品牌传播有效阈值，说明其品牌传播效果较差，造成其品牌信息量估值较低，最终使得其品牌价值较低。

第九节　亳州花戏楼

一、亳州花戏楼简介

亳州花戏楼，原名大关帝庙，亦称山陕会馆。由于戏楼的砖雕、木雕、彩绘多以地方戏曲折子戏为主要内容，故俗称花戏楼。亳州花戏楼始建于清顺治十三年（1656 年），位于安徽省亳州城北关隅咸宁街花戏楼路的最北边。亳州花戏楼为山西商人王璧、陕西商人朱孔领发起筹建，后经康熙、乾隆两朝共百余年多次扩建。1988 年 1 月被国务院批准为第三批全国重点文物保护单位。

亳州花戏楼大门为三层牌坊架式，仿木结构，水磨砖墙上镶满砖雕，雕有人物、车马、城池、山林、花卉、禽兽。亳州花戏楼大殿为主体建筑，戏楼辅衬。大殿高 10 米，左右有庭院各一，藏有元赵孟頫、清梁献书刻。后为正殿，殿中供奉关羽木雕像，两侧立关平、周仓像，毁于侵华日军。戏楼舞台呈“凸”字形，台正中书“演古风今”四个金字，台前悬木对联一副，右书“一曲阳春唤醒今古梦”，左书“两般面貌做尽忠奸情”。戏楼东侧为钟楼，西侧为鼓楼，两楼中间是前门，系仿木结构三层牌坊式水磨砖面建筑，一幅幅精美砖雕镶嵌其间。大殿前置铁鼎，侧立铁鹤一对，足蹬神龟，高 3 米，重 500 余千克，铸于康熙三十三年（1694 年）。

二、亳州花戏楼旅游目的地品牌的基础指标与分析

亳州花戏楼旅游目的地品牌基础数据，如表 11−16 所示。

表 11−16　亳州花戏楼旅游目的地品牌基础数据

指标 范围	知名度 （%）	认知度 （%）	美誉度 （%）	忠诚度 （%）	品牌信息总量估值 （比特）
全国	47.56	11.81	13.58	13.58	1126397974

亳州花戏楼的品牌信息总量估值为 1126397974 比特。在全国范围内，该旅游目的地品牌即将进入成长期，尚未到能够蜕变为大众耳熟能详的旅游目的地品牌的阶段。

亳州花戏楼旅游目的地品牌知名度为 47.56%，突破了知名度的第三个关键点 37.50%。突破这一关键点的表现为，半数以上的消费者表示对其非常熟悉，不仅认知程度深，而且能够辨识其 LOGO，能够大致描绘出其广告内容、品牌内涵或者景色特征，产生了明显的消费者区隔。

亳州花戏楼旅游目的地品牌认知度为 11.81%，未达到知名度的 33.33%，品牌传播效果较差。此时品牌具有一定的联想度，但尚未具备品牌延伸的条件。品牌还不具有对消费者选择偏好的影响力，在竞争中作用不明显。

亳州花戏楼旅游目的地品牌美誉度为 13.58%，突破了美誉度的第一个关键点 1.62%。突破这个关键点后，消费者的口碑作用逐渐凸显出来，消费者偏好越来越明显，消费者之间的传播也越来越广泛。这个阶段属于有效自传播效应发生时期，在这一时期内品牌极易发生自传播骤增现象，但每个品牌的骤增点不确定。

亳州花戏楼旅游目的地品牌忠诚度为 13.58%，已出现消费者两次或两次以上到达该旅游目的地旅游的现象，但其品牌忠诚度与美誉度相等，说明其口碑到品牌忠诚度的转化较为充分。

三、亳州花戏楼旅游目的地品牌的价值测算

1. 主要参数及计算结果

对亳州花戏楼的品牌价值测算主要依据国家标准《品牌评价 旅游目的地》（GB/T 39869—2021），并完善了测量方法，将《品牌评价 旅游目的地》标准中五要素测算品牌强度的方法更换为各个信息总量 / 行业内品牌满信息量的方法，详细计算步骤见本书的第二章第二节，此处不再赘述。

亳州花戏楼品牌价值测算结果，如表 11–17 所示。

表 11–17 亳州花戏楼品牌价值测算结果

旅游区域	自身品牌信息量（比特）	100% 时品牌信息量（比特）	比值 α	比值 β	单位品牌信息总量（亿 / 比特）	品牌价值 V（亿元）
亳州花戏楼	1126397974	24132817107	0.0466749	0.9319775	9.00987E–08	101.486994

2. 亳州花戏楼品牌价值测算结果分析

观察表 11–17 可知，根据品牌价值测算的修正思想，采取单位品牌信息总量（亿 / 比特）方式对品牌价值进行测算，得到亳州花戏楼的品牌价值为 101.486994 亿元，仅略高于 100 亿元，在安徽省内旅游目的地的品牌价值排行中处于较低水平。其原因在于品牌强度系数和品牌折现率导致亳州花戏楼品牌信息量较低，加之其所在城市亳州市的旅游收入也较低，最终使得亳州花戏楼的品牌价值测算结果较低。

第十二章

安徽旅游目的地品牌资源与品牌价值汇总

第一节　品牌资源基础数据汇总

一、指标汇总

本次面向全国调研的安徽旅游目的地品牌共计 62 个，表 12-1 所示旅游目的地按照文章中的书写顺序排序，指标汇总包括两个部分指标的汇总情况。首先，本报告依据调研数据对 62 个品牌在全国范围内的知名度、认知度、美誉度、忠诚度进行精确的测算；其次，运用品牌信息量计量模型计算出每一个品牌包含的信息总量，这也是安徽旅游目的地在全国范围内消费者之间影响力的表现。

表 12-1　安徽旅游目的地品牌资源基础数据汇总

序号	名称	知名度（%）	认知度（%）	美誉度（%）	忠诚度（%）	自身品牌信息量（比特）
1	天柱山	29.28	16.47	3.37	12.88	621470812.5
2	五千年文博园	68.47	19.26	17.91	16.44	1550425464
3	巨石山	24.01	7.15	1.28	9.58	410380405.6
4	大别山彩虹瀑布	22.79	13.94	0.88	10.40	457504200.5
5	迎江寺	23.93	10.90	1.50	10.15	448694925.6
6	菱湖风景区	65.32	20.62	17.28	12.61	1517996394
7	浮山	51.23	12.92	10.78	14.09	1218996460
8	芜湖方特	56.17	26.13	11.77	15.11	1918804897
9	马仁奇峰森林旅游区	13.43	5.59	1.33	4.26	220294651

续表

序号	名称	知名度（%）	认知度（%）	美誉度（%）	忠诚度（%）	自身品牌信息量（比特）
10	赭山风景区	44.96	12.54	13.26	13.67	1086574049
11	韭山洞	32.28	12.30	0.84	13.25	624852420.3
12	皇甫山国家森林公园	24.76	9.68	5.55	8.80	451894835.6
13	明皇陵	44.86	23.06	9.65	18.80	1086395218
14	凤阳狼巷迷谷景区	52.08	16.72	9.87	14.45	1375003856
15	小岗村乡村旅游区	65.00	26.92	15.26	15.36	1690774572
16	白鹭岛风景区	33.41	11.56	4.24	15.38	637115390
17	琅琊山风景名胜区	51.04	29.35	0.46	35.03	1370968962
18	天堂寨	60.01	11.41	11.93	14.91	1376924526
19	佛子岭	48.13	10.78	10.57	13.81	1342220777
20	响洪甸水库	46.45	17.75	12.29	14.99	1296545644
21	悠然蓝溪旅游景区	56.91	10.5	15.4	17.96	1315674868
22	大别山石窟	71.87	28.19	14.18	27.89	1908708149
23	悠然南山度假区	53.69	20.05	14.84	15.91	1639032313
24	六安茶谷	62.53	12.18	15.37	18.27	1528871414
25	九华山	72.90	17.90	16.32	16.75	2136509817
26	莲峰云海	49.57	15.48	13.14	13.85	1309370354
27	牯牛降	45.19	7.47	12.67	14.62	908115001.4
28	池州杏花村	70.70	17.85	15.07	22.18	1554066240
29	九华天池	68.38	22.69	15.62	18.98	2249640474

续表

序号	名称	知名度（%）	认知度（%）	美誉度（%）	忠诚度（%）	自身品牌信息量（比特）
30	齐山平天湖景区	47.66	13.71	14.09	13.44	1205898934
31	九华秋浦胜境风景区	48.70	12.66	14.73	17.27	1200757334
32	九子岩景区	46.60	11.73	13.39	13.39	1311091388
33	地藏王圣像景区	47.05	10.76	14.06	13.36	1081388932
34	黄山旅游景区	82.85	40.59	5.08	43.71	2642299615
35	木坑竹海	49.10	7.53	13.84	15.20	1001508637
36	芙蓉谷	57.74	13.99	13.57	14.91	1465503420
37	徽州古城	74.07	19.99	16.77	19.31	2306812945
38	新安江山水画廊	53.14	7.59	15.64	17.41	1108470825
39	歙县雄村	46.66	13.49	14.02	12.72	1171777599
40	屯溪老街	48.03	12.52	12.23	14.48	1146512147
41	西递	58.01	13.90	15.43	17.39	1498706137
42	宏村	48.16	17.71	14.09	14.45	1369680615
43	齐云山	62.18	29.60	15.44	17.35	2384050408
44	棠樾牌坊群	55.34	6.52	15.20	17.42	1101878939
45	皇藏峪国家森林公园	48.98	13.00	11.86	15.14	1182660399
46	萧县黄河故道湿地省级自然保护区	49.44	12.59	14.14	14.42	1208183964
47	梨树王景区	47.98	23.23	14.26	15.65	1575188697
48	恩龙山庄	48.20	14.85	14.16	15.88	1263643018
49	徽杭古道	47.80	10.42	11.29	12.88	1053106112
50	龙川风景名胜区	49.86	12.53	13.36	15.43	1205908439

续表

序号	名称	知名度（%）	认知度（%）	美誉度（%）	忠诚度（%）	自身品牌信息量（比特）
51	青龙湾生态度假区	59.30	8.06	14.74	17.91	1246617720
52	太极洞	60.64	26.91	15.51	18.85	2196763669
53	云岭新四军军部旧址纪念馆	51.32	10.38	14.74	15.37	1383821639
54	三河古镇	53.83	16.91	13.19	16.10	1482320019
55	李鸿章府	68.90	27.40	13.58	16.75	2118259584
56	采石矶风景名胜区	47.35	17.67	12.22	15.92	461759968.9
57	焦岗湖旅游景区	45.15	10.42	14.61	14.04	1352752734
58	寿县古城暨八公山风景区	44.53	13.17	12.60	13.52	1423954687
59	龙子湖风景区	27.59	10.71	1.61	9.43	508305660.6
60	浮山国家森林公园	53.37	17.05	12.44	14.32	1825343422
61	八里河风景区	57.94	14.25	13.30	15.81	1477779247
62	亳州花戏楼	47.56	11.81	13.58	13.58	1126397974

二、各项指标数据的初步解读

1. 规模分段解读

本次全国调研的 62 个安徽旅游目的地品牌均属于较有影响力的品牌，但在分析撰写本报告的过程中发现品牌之间存在差距。通过信息量规模的计算，可以将它们之间的影响力做一精确的比较。

本次调研中没有出现微小品牌和小规模品牌，显示安徽省内出现了在全国具有极强影响力的品牌。在 62 个旅游目的地品牌中信息总量超过超大规模标准（19.863 亿比特）的品牌有 7 个，大规模标准（7.884 亿比特 –19.863 亿比特）的品牌有 45 个，中等规模标准（2.178 亿比特～ 7.884 亿比特）的品牌有 10 个。按照其在国内信息总量的规模（或称对消费者的影响力）大小，对这三种类型的旅游目的地品牌进行分析。

第一类是超大规模品牌，品牌信息总量超过 19.863 亿比特。其中黄山旅游景区的品牌排名第一，规模达到 26.42299615 亿比特；排名第二位的是齐云山，规模为 23.84050408 亿比特；排名第三位的是中国四大古城之一的徽州古城，规模为 23.06812945 亿比特；排名第四位的是九华天池，规模为 22.49640474 亿比特。黄山作为中国十大名胜古迹之一，是世界自然和文化的双遗产，每年游览黄山的游客络绎不绝，即使未亲身到达黄山，人们也能够通过书本了解到黄山的巍峨，所以黄山的品牌信息总量能够超过 26 亿比特并不足为奇。排名第五位、第六位和第七位的分别为太极洞、九华山和李鸿章府，虽然其余 6 个品牌的品牌影响力稍逊于黄山，但品牌规模相对于剩下的 55 个品牌区隔明显，是具有较大全国影响力的安徽旅游目的地品牌的代表。

第二类是大规模品牌，品牌信息总量超过 7.884 亿比特。该类旅游目的地品牌具有较强的全国影响力，但未能完全褪去区域特点，在安徽省内具有相当大的影响力，而在全国范围内的影响力稍逊于品牌所在地的影响力。根据表格所示，此类品牌共有 45 个，占本次调研品牌的 72.58%，表明安徽省内的旅游目的地品牌仍需要向具有全国影响力的方向努力，同时说明安徽的旅游品牌资源非常丰富。

第三类是中等规模品牌，包括 10 个旅游目的地品牌。这 10 个品牌的影响力差异较大，品牌信息总量最低的是马仁奇峰森林旅游区，规模仅为 2.20294651 亿比特，刚刚超过中等规模品牌的下限（2.178 亿比特），其余 9 个旅游目的地的品牌信息总量均超过 4 亿比特，总体表现为具有较强区域特点的旅游目的地品牌，全国品牌影响力远低于安徽省内品牌影响力。

2. 基础指标的解读

旅游目的地品牌基础指标包括知名度、认知度、美誉度、忠诚度4个对品牌进行描述的指标序列，本次报告严格依据国家标准对各个调研对象的基础数据进行精确的测算，计算所得数据仅供分析参考用。

在本次全国调研的62个旅游目的地品牌中，全部品牌的知名度都超过了知名度阈值的第一个关键点4.69%，说明这些旅游目的地品牌扩大品牌知名度的努力取得了一定成效，品牌开始对营销起到一定的作用。在这些品牌中有12个品牌的知名度超过了知名度的第四个关键点61.80%，这些品牌能够被称为高知名度品牌，表现为明显的选择偏好，基于此，本次调研中出现了超大规模品牌。其余旅游目的地品牌，除马仁奇峰森林旅游区外，知名度均超过知名度阈值的第二个关键点16.13%，说明旅游目的地已经形成了品牌偏好，但仍需要通过宣传手段对品牌的知名度进行巩固加强。从知名度与认知度的均值来看，绝大部分品牌的认知度低于知名度的50%，厂商的品牌传播未达到相应的效果，缺乏有效的消费者品牌认知。品牌美誉度部分高于其认知度，说明消费者对于品牌的认知有效转化为品牌的自传播，但由于认知度偏低，美誉度的获得并不仅仅来自消费者对品牌产品的深度体验，还和与品牌无关的其他营销渠道（如促销等）有关。部分品牌美誉度低于其认知度，则说明品牌的认知未能充分转化为品牌的自传播，需要采取有效措施对品牌认知度进行更加充分的转化。本次调研的大部分品牌的忠诚度较高，形成了一定的重复达到率，但消费习惯和偏好不明显，这可能与旅游目的地本身特性、消费者对品牌的了解程度、消费者的旅游习惯等有关系。

第二节　安徽旅游目的地品牌价值测算结果汇总

一、安徽旅游目的地品牌价值测算结果汇总

本节按照品牌价值体系的指标组对本次测算的其中 10 个安徽旅游目的地品牌价值进行了汇总，用于对品牌发展价值进行评价。这 10 个旅游目的地的品牌价值测算严格遵循国家标准的核心思想，进行了严谨细致的核算，并按照品牌价值由低到高进行了排序，如表 12–2 所示。

表 12–2　安徽品牌价值测算结果汇总

序号	旅游目的地	自身品牌信息量（比特）	比值 α	比值 β	100% 时品牌信息总量（比特）	品牌价值 V（亿元）
1	巨石山	410380405.6	0.0170051	2.5580596	24132817107	0.01945459
2	徽州古城	2306812945	0.0955882	0.4550770	24132817107	0.175392291
3	歙县雄村	1171777599	0.0485554	0.8958846	24132817107	0.261384102
4	佛子岭	1342220777	0.0556181	0.7821199	24132817107	0.352659496
5	龙子湖风景区	508305660.6	0.0210628	2.0652486	24132817107	7.926987653
6	天柱山	621470812.5	0.0257521	1.6891824	24132817107	55.38632257
7	浮山	1218996460	0.0505120	0.8611818	24132817107	112.4036783
8	寿县古城暨八公山风景区	1423954687	0.0590049	0.7372268	24132817107	149.2078169
9	小岗村乡村旅游区	1690774572	0.0700612	0.6208856	24132817107	304.0730969
10	黄山旅游景区	2642299615	0.0930392	0.3972969	24132817107	1106.660818

二、安徽旅游目的地品牌价值解读

表12–2中的10个安徽旅游目的地品牌的品牌价值完全按照国家标准的核心思想进行测算，对比值α、比值β等数据行了反复验算，最终得出这10个品牌的品牌价值。如表12–2所示，安徽旅游目的地品牌价值测算结果可分为以下三个区间段。

第一区间段为旅游目的地的品牌价值为0～100亿元，所包含的旅游目的地品牌有巨石山、徽州古城、歙县雄村、佛子岭、龙子湖风景区及天柱山。巨石山、徽州古城、歙县雄村、佛子岭4个旅游目的地的品牌价值均未达到1亿元，仅属于千万级的旅游目的地，其原因在于品牌知名度或品牌认知度与知名度的比值较低，传播效果不充分。另外，受到2020年新冠疫情影响，旅游目的地未能正常开放，到访游客也较少，导致其景点收入较低，最终使其品牌价值计算结果不理想。

第二区间段为旅游目的地品牌价值为100亿～300亿元，所包含的旅游目的地品牌有浮山、寿县古城暨八公山风景区、小岗村乡村旅游区。其中，小岗村乡村旅游区品牌价值为304.0730969亿元，略高于300亿元，因此也将其划入第二区间段内。首先，在计算浮山旅游目的地品牌价值时，因数据受限，只能选取旅游目的地所在县的第三产业产值来计算其品牌价值，造成品牌价值较低的最主要的原因在于浮山的知名度和认知度差距较大，且认知度未达到知名度的33.33%，说明旅客对浮山的认知度不高，使得浮山的品牌信息总量较低。其次，就寿县古城暨八公山风景区而言，其品牌知名度为44.53%，处于中等水平，认知度为13.17%，尽管未达到知名度的50%，但超过了知名度的33.33%，相较于浮山有一定的品牌传播效果，其品牌信息总量估值也略高于浮山旅游目的地。同时，八公山属于历史文化名山，具有浓厚的文化底蕴，目标消费者广泛，其品牌价值测算结果相应较高。最后，在小岗村乡村旅游区旅游目的地品牌价值测算上，以小岗村所在县的第三产业产值测算其品牌价值，其品牌价值在第二区间内，属于最高的旅游目的地品牌价值，但是作为安徽标志性的旅游目的地，其品牌价值显著低于黄山旅游目的地，其原因可能是小岗村乡村旅游区更多是出于公益角度传播我国经济改革的历程，面向公众免费开放，未能为所在市大幅创收，旅游目的地品牌价值并未全部体现在货币上，是影响小岗村乡村旅游区旅游目的地本次品牌价值测算结果的重要因素。

第三区间段为旅游目的地价值在1000亿元及以上，所包含的旅游目的地品牌为黄山旅游景区，其品牌价值达到1106.660818亿元，在所有安徽旅游目的地或品牌资源的品牌价值排名中居第一位。由黄山旅游景区旅游目的地品牌的基础指标与分析可知，其知名度、认知度、美誉度及忠诚度数据良好，均超过各指标的最低关键点，知名度甚至接近最高的关键点。因此，综合来看，黄山旅游目的地在本报告的评价逻辑下，反映出其出色的品牌能力，品牌运营实力雄厚，品牌溢价能力强，品牌价值极高，是安徽省的王牌旅游目的地。

第三节　安徽旅游资源品牌价值测算结果汇总

一、安徽旅游资源品牌价值测算结果汇总

本报告在评价安徽省旅游资源品牌价值过程中遵循国家标准的核心思想，有部分旅游景点并不符合国家标准对旅游目的地的界定标准，因此，需根据具体旅游资源情况对标准内容进行修正。具体修正方法见本书的第二章第二节。修正后对安徽省40个旅游资源的品牌价值进行计算，按照从低到高的顺序进行排列，如表12−3所示。

表 12-3　安徽旅游资源品牌价值测算结果汇总

序号	旅游品牌资源	自身品牌信息量（比特）	比值 α	比值 β	100% 时品牌信息总量（比特）	品牌价值 V（亿元）
1	马仁奇峰森林旅游区	220294651	0.0091284	4.7653338	24132817107	19.84826185
2	迎江寺	448694925.6	0.0185927	2.3396243	24132817107	40.42682984
3	皇甫山国家森林公园	451894835.6	0.0187253	2.3230572	24132817107	40.71513758
4	大别山彩虹瀑布	457504200.5	0.0189578	2.2945747	24132817107	41.2205341
5	采石矶风景名胜区	461759968.9	0.0191341	2.2734269	24132817107	41.60397328
6	韭山洞	624852420.3	0.0258922	1.6800408	24132817107	56.29839125
7	白鹭岛风景区	637115390	0.0264004	1.6477040	24132817107	57.40326889
8	芜湖方特	1918804897	0.0795102	0.5470997	24132817107	78.13479184
9	牯牛降	908115001.4	0.0376299	1.1559963	24132817107	81.81998179
10	徽杭古道	1053106112	0.0436380	0.9968393	24132817107	94.8834925
11	地藏王圣像景区	1081388932	0.0448099	0.9707678	24132817107	97.43173786
12	明皇陵	1086395218	0.0450173	0.9662943	24132817107	97.88279764
13	赭山风景区	1086574049	0.0450247	0.9661353	24132817107	97.89891021
14	棠樾牌坊群	1101878939	0.0456589	0.9527159	24132817107	99.27786079

续表

序号	旅游品牌资源	自身品牌信息量（比特）	比值 α	比值 β	100% 时品牌信息总量（比特）	品牌价值 V（亿元）
15	亳州花戏楼	1126397974	0.0466749	0.9319775	24132817107	101.486994
16	九华秋浦胜境风景区	1200757334	0.0497562	0.8742629	24132817107	108.1866757
17	齐山平天湖景区	1205898934	0.0499693	0.8705353	24132817107	108.6499273
18	龙川风景名胜区	1205908439	0.0499697	0.8705284	24132817107	108.6507836
19	青龙湾生态度假区	1246617720	0.0516565	0.8421006	24132817107	112.318637
20	响洪甸水库	1296545644	0.0537254	0.8096726	24132817107	116.817078
21	莲峰云海	1309370354	0.0542568	0.8017423	24132817107	117.9725678
22	九子岩景区	1311091388	0.0543282	0.8006898	24132817107	118.1276307
23	悠然蓝溪旅游景区	1315674868	0.0545181	0.7979004	24132817107	118.5405962
24	宏村	1369680615	0.0567559	0.7664397	24132817107	123.4064439
25	琅琊山风景名胜区	1370968962	0.0568093	0.7657194	24132817107	123.5225223
26	凤阳狼巷迷谷景区	1375003856	0.0569765	0.7634724	24132817107	123.886061
27	天堂寨	1376924526	0.0570561	0.7624075	24132817107	124.0591109

续表

序号	旅游品牌资源	自身品牌信息量（比特）	比值 α	比值 β	100% 时品牌信息总量（比特）	品牌价值 V（亿元）
28	八里河风景区	1477779247	0.0612353	0.7103751	24132817107	133.1459902
29	三河古镇	1482320019	0.0614234	0.7081990	24132817107	133.5551078
30	西递	1498706137	0.0621024	0.7004559	24132817107	135.0314758
31	六安茶谷	1528871414	0.0633524	0.6866356	24132817107	137.749328
32	五千年文博园	1550425464	0.0642455	0.6770900	24132817107	139.69132
33	池州杏花村	1554066240	0.0643964	0.6755037	24132817107	140.0193492
34	悠然南山度假区	1639032313	0.0679172	0.6404862	24132817107	147.6746819
35	浮山国家森林公园	1825343422	0.0756374	0.5751123	24132817107	164.4610708
36	大别山石窟	1908708149	0.0790918	0.5499937	24132817107	171.9721244
37	李鸿章府	2118259584	0.0877751	0.4955849	24132817107	190.8524365
38	九华山	2136509817	0.0885313	0.4913516	24132817107	192.4967587
39	太极洞	2196763669	0.0910281	0.4778746	24132817107	197.9255525
40	九华天池	2249640474	0.0932191	0.4666424	24132817107	202.6896839
平均值						111.1550306

二、安徽旅游资源品牌价值解读

由表 12–3 可知，安徽省旅游资源品牌价值的平均值为 111.1550306 亿元，结合各旅游景点的品牌知名度、认知度、美誉度及忠诚度数据结果和品牌信息总量估值结果来看较为合理。从具体品牌价值测算结果来看，品牌价值在 0 ~ 50 亿元的旅游资源有 5 个，在 50 亿~ 100 亿元的旅游资源有 9 个，在 100 亿~ 150 亿元的有 20 个，在 150 亿元及以上的有 6 个。从安徽省各地级市的分布来看，归属安庆地区的旅游资源有迎江寺、大别山彩虹瀑布、五千年文博园 3 个；归属滁州地区的旅游资源有皇甫山国家森林公园、韭山洞、白鹭岛风景区、明皇陵、琅琊山风景名胜区、凤阳狼巷迷谷景区 6 个；归属芜湖地区的旅游资源有马仁奇峰森林旅游区、芜湖方特、赭山风景区 3 个；归属池州地区的旅游资源有牯牛降、地藏王圣像景区、九华秋浦胜境风景区、齐山平天湖景区、莲峰云海、九子岩景区、池州杏花村、九华山、九华天池 9 个；归属宣城地区的旅游资源有徽杭古道、龙川风景名胜区、青龙湾生态度假区、太极洞 4 个；归属黄山地区的旅游资源有棠樾牌坊群、宏村、西递 3 个；归属六安地区的旅游资源有响洪甸水库、悠然蓝溪旅游景区、天堂寨、六安茶谷、悠然南山度假区、大别山石窟 6 个。安徽旅游资源归属地及品牌价值排名（由高至低）如表 12–4 所示。从表中可知，安徽旅游资源品牌价值排名前五位的分别是池州的九华天池、宣城的太极洞、池州的九华山、合肥的李鸿章府、六安的大别山石窟。

表 12–4　安徽旅游资源归属地及品牌价值排名

地区	旅游资源名称	品牌价值（亿元）	排名
安庆	五千年文博园	139.69132	9
	大别山彩虹瀑布	41.2205341	37
	迎江寺	40.42682984	39

续表

地区	旅游资源名称	品牌价值（亿元）	排名
滁州	凤阳狼巷迷谷景区	123.886061	15
	琅琊山风景名胜区	123.5225223	16
	明皇陵	97.88279764	29
	白鹭岛风景区	57.40326889	34
	韭山洞	56.29839125	35
	皇甫山国家森林公园	40.71513758	38
芜湖	赭山风景区	97.89891021	28
	芜湖方特	78.13479184	33
	马仁奇峰森林旅游区	19.84826185	40
池州	九华天池	202.6896839	1
	九华山	192.4967587	3
	池州杏花村	140.0193492	8
	九子岩景区	118.1276307	19
	莲峰云海	117.9725678	20
	齐山平天湖景区	108.6499273	24
	九华秋浦胜境风景区	108.1866757	25
	地藏王圣像景区	97.43173786	30
	牯牛降	81.81998179	32
宣城	太极洞	197.9255525	2
	青龙湾生态度假区	112.318637	22
	龙川风景名胜区	108.6507836	23
	徽杭古道	94.8834925	31

续表

地区	旅游资源名称	品牌价值（亿元）	排名
黄山	西递	135.0314758	11
	宏村	123.4064439	17
	棠樾牌坊群	99.27786079	27
六安	大别山石窟	171.9721244	5
	悠然南山度假区	147.6746819	7
	六安茶谷	137.749328	10
	天堂寨	124.0591109	14
	悠然蓝溪旅游景区	118.5405962	18
	响洪甸水库	116.817078	21
安徽其他地区	李鸿章府（合肥）	190.8524365	4
	浮山国家森林公园（铜陵）	164.4610708	6
	三河古镇（合肥）	133.5551078	12
	八里河风景区（阜阳）	133.1459902	13
	亳州花戏楼（亳州）	101.486994	26
	采石矶风景名胜区（马鞍山）	41.60397328	36

附　录

附录一

《品牌评价 消费者感知测量指南》

ICS 03.140
A 00

中华人民共和国国家标准

GB/T 39071—2020

品牌评价　消费者感知测量指南

Brand evaluation—Guidelines for consumer perception measuring

2020-07-21 发布　　2021-02-01 实施

国家市场监督管理总局
国家标准化管理委员会　发布

目 次

前　言

本标准按照 GB/T 1.1—2009 给出的规则起草。

本标准由全国品牌评价标准化技术委员会(SAC/TC 532)提出并归口。

本标准起草单位:中国标准化研究院、北方工业大学、中国品牌建设促进会、安徽国科检测科技有限公司、上海市质量协会、深圳市连锁经营协会、深圳市零售商业行业协会、八马茶业股份有限公司、山东中烟工业有限责任公司青岛卷烟厂、内蒙古伊利实业集团股份有限公司、光明乳业股份有限公司、成都富通光通信技术有限公司、石家庄君乐宝乳业有限公司、九阳股份有限公司、山东省标准化研究院。

本标准主要起草人:蔡华利、周云、吕安然、邵栋梁、郭政、张婧姝、花涛、苏丽明、谢永明、吴清标、侯莹莹、乔慧芳、张锋华、刘伟德、刘惠萍、柴艳兵、韩润、段琦、吴芳、王倩倩、孙良泉、刘世新、廉世彬、刘欣欣、孙晴。

引 言

品牌的关键作用是引发消费者的联想与购买，这首先建立在消费者感知的基础之上。因此，有必要测量消费者感知，计算获得品牌感知指标结果，以准确评价品牌。本标准对测量品牌的消费者感知提供方法性指导。

品牌评价　消费者感知测量指南

1　范围

本标准给出了基于消费者感知的品牌感知指标的测量方法、测量程序和结果应用的指南。

本标准适用于消费者感知的单一品牌的测算和分析。

2　规范性引用文件

下列文件对于本文件的应用是必不可少的。凡是注日期的引用文件，仅注日期的版本适用于本文件。凡是不注日期的引用文件，其最新版本（包括所有的修改单）适用于本文件。

GB/T 29185　品牌价值　术语

3　术语和定义

GB/T 29185 界定的以及下列术语和定义适用于本文件。

3.1

组织　organization

为实现其目标而具有其自身职能及职责、权限和相互关系的一个人或一组人。

[GB/T 19000—2016，定义 3.2.1]

3.2

消费者感知　consumer perception

消费者通过感觉器官对客体的感觉与知觉。

注：感觉是人脑对直接作用于感觉器官的客观事物个别属性的反映；知觉是人脑对刺激物各种属性和各个部分整体反映，知觉是对感觉信息的加工和解释过程。

3.3

品牌自传播　brand self-communication

在没有任何商业行为支持的情况下，依然在消费者之间或媒体之间自发传播品牌的现象。

3.4

品牌自传播率　brand self-communication rate

在特定调研样本下，**品牌自传播**（3.3）者占知晓该品牌的消费者数目的比例。

4　品牌感知指标测量方法

4.1　总则

品牌感知指标包括品牌知名度、品牌认知度、品牌美誉度和品牌忠诚度。

根据被评价的对象特征，确定感知指标测量的统计抽样分层规则，步骤为：

a)　先测量每层消费者样本的品牌感知指标；

b)　将分层消费者占消费者总人数的比例作为权重，加权求和计算总体样本的感知指标。

4.2 **品牌知名度测量方法**

第 i 层样本的品牌知名度见式(1)：

$$z_i = \frac{j_i}{q_i} \times 100\% \quad \cdots\cdots (1)$$

合并分层，该品牌的品牌知名度的测量公式为式(2)：

$$Z = \sum_{i=1}^{n} \frac{q_i}{Q} \times \frac{j_i}{q_i} \times 100\% = \frac{1}{Q}\sum_{i=1}^{n} j_i \times 100\% \quad \cdots\cdots (2)$$

式中：

z_i ——第 i 层样本的品牌知名度；

j_i ——第 i 层样本中的知晓品牌的消费者人数；

q_i ——第 i 层样本的消费者人数；

Z ——品牌知名度；

Q ——消费者总人数。

4.3 **品牌认知度测量方法**

将问卷的多个问题分为若干等距层次，由低至高是消费者对该品牌认知逐次增加的过程，其中某消费者达到任意一个程度表示为 X_{ir}。对 n_i 个消费者所组成的目标市场进行抽样调查可以估算整个目标市场的平均认知度$\overline{R}$，品牌平均认知度即为品牌认知度。

第 i 层样本的品牌认知度见式(3)：

$$\overline{r_i} = \frac{1}{j_i}\sum_{i=1}^{j} X_{ir} \times 100\% \quad \cdots\cdots (3)$$

合并分层，该品牌的品牌认知度的测量公式为式(4)：

$$\overline{R} = \frac{1}{Q}\sum_{i=1}^{n} q_i \times \overline{r_i} \quad \cdots\cdots (4)$$

式中：

$\overline{r_i}$ ——第 i 层样本的品牌认知度；

j_i ——第 i 层样本中的知晓品牌的消费者人数；

X_{ir} ——第 i 层样本中某消费者达到任意一个认知程度；

$\overline{R}$ ——品牌认知度；

Q ——消费者总人数；

q_i ——第 i 层样本的消费者人数。

4.4 **品牌美誉度测量方法**

第 i 层样本的品牌美誉度见式(5)：

$$m_i = \frac{x_i}{j_i} \times 100\% \quad \cdots\cdots (5)$$

合并分层，该品牌的品牌美誉度的测量公式为式(6)：

$$M = \sum_{i=1}^{n} \frac{q_i}{Q} \times \frac{x_i}{j_i} \times 100\% = \frac{1}{Q}\sum_{i=1}^{n} \frac{q_i \times x_i}{j_i} \times 100\% \quad \cdots\cdots (6)$$

式中：

m_i ——第 i 层样本的品牌美誉度；

x_i ——第 i 层样本中的自传播者数(接受过推荐并有过向其他消费者推荐行为的消费者数量)；

j_i ——第 i 层样本中知晓品牌的消费者人数；
M ——品牌美誉度；
q_i ——第 i 层样本的消费者人数；
Q ——消费者总人数。

4.5 品牌忠诚度测量方法

第 i 层的样本 E_i 个消费者购买过该品牌的产品，有 F_i 个消费者符合品牌忠诚者的条件，该品牌在第一个样本中的忠诚度见式(7)：

$$l_i=\frac{F_i}{E_i}\times 100\% \qquad (7)$$

合并分层，该品牌的品牌忠诚度的测量公式为式(8)：

$$L=\sum_{i=1}^{n}\frac{q_i}{Q}\times\frac{F_i}{E_i}\times 100\%=\frac{1}{Q}\sum_{i=1}^{n}\frac{q_i\times F_i}{E_i}\times 100\% \qquad (8)$$

式中：
l_i ——第 i 层样本的品牌忠诚度；
F_i——E_i 样本中，符合品牌忠诚者条件的消费者人数；
E_i——第 i 层消费者中购买过该品牌产品的消费者人数；
L ——品牌忠诚度；
q_i ——第 i 层样本的消费者人数；
Q ——消费者总人数。

5 测量程序

5.1 问卷设计

问卷内容包括与品牌感知指标有关的问题。选项分为“是否”“阶梯”、单项选择和多项选择四类。问卷设计思路和具体问题参见附录 A。

5.2 抽样方案设计

按照消费者规模分层随机抽样。

5.3 问卷采集方式选择

根据调查对象所属行业特性、类型、流动性以及群体比例等因素，选择但不限于现场调查、网络调查、电话调查等中的一种或多种。

5.4 问卷回收

按照样本有效性规则，对问卷进行筛选、录入和编码。

5.5 结果测量

根据第 4 章公式，测量品牌的知名度、认知度、美誉度和忠诚度，获得品牌感知指标值。

6 结果应用

对照品牌感知指标的阈值(参见附录 B)，组织可将测量结果应用但不限于：

a） 组织品牌建设工作的评价；

b） 检验品牌经营健康状况；

c） 制定品牌战略、传播策略与定位；

d） 品牌排行、排序等。

评价案例参见附录C。

附 录 A
（资料性附录）
问卷设计

A.1 品牌知名度

品牌知名度反映的是消费者对品牌的知晓程度。

问题：您是否知道××品牌？

A. 是　　　　　　　B. 否

A.2 品牌认知度

品牌认知度的问题设计选用瑟斯顿等距量表法，步骤为：

a) 通过对消费者访谈和文献分析，尽可能多地收集人们对具体品牌的各种认知信息，将这些信息逐条用陈述语句表达，如"这个品牌主要销售的产品是香皂""这个品牌的所在地是广州"等，消费者对一个品牌了解的信息可以多达上百条；
b) 将上述陈述句再按照消费者提到的频次分成若干组，提到次数越多的，越容易了解，或者可以认为认知难度不大；
c) 将陈述句变成疑问句，备选包括正确选项的答案；
d) 从易到难等分赋值，组内陈述句可以继续细分赋值；
e) 呈现出来的是"阶梯式"量表，问题按照难度由易至难自上而下排列，对应的程度可以选择等分或不等分。

问题设计的具体数目由组织根据调研精度自行决定，示例见表 A.1。

表 A.1 品牌认知度问题设计

序号	问题	从上至下依次选择 （不确定可不选）	对应认知程度
1	除对品牌名称有所知晓，其余品牌信息一无所知		0%
2	某品牌主要销售的产品是什么	A××　B×× C××　D××	20%
3	某品牌的所在地是哪里	A××　B×× C××　D××	40%
4	某品牌的广告语是什么	A××　B×× C××　D××	60%
5	某品牌的经营风格是什么	A××　B×× C××　D××	80%
6	某品牌的价值观是什么	A××　B×× C××　D××	100%

A.3　品牌美誉度

品牌美誉度的问题是一个有条件的选择问题，分为两个步骤。首先确定他们对品牌的认知有多少不是来自组织的主动传播，剩下的部分都可以视为消费者主动获取或者他们之间的传播，这是一个条件问题，满足该条件后再继续下一个步骤，即该消费者是否向他人推荐，以确定该消费者是否为自传播者，其次计算他们的比例，即可求得品牌自传播率。

问题1：您对××品牌的了解来自如下哪个(些)渠道(可多选)?

A.从商品使用的体验中了解到该品牌的知识。

B.从厂商的宣传物、视频等广告(包括植入广告)中了解到该品牌的知识。

C.从他人(非推销员)的介绍和推荐中了解到该品牌的知识。

D.从推销员或促销人员的介绍中了解到该品牌的知识。

E.从其他渠道了解。

问题2：您向他人提及或推荐过××品牌吗?

A.从未提过。

B.提过但不是推荐给别人。

C.曾经有推荐过，但次数不多。

D.经常推荐给别人。

A.4　品牌忠诚度

品牌忠诚度的测量主要是计算品牌忠诚者的比例，品牌忠诚者的行为表现为因品牌而形成的重复购买，视为连续型消费者。品牌忠诚者宜是购买过产品的消费者，所以由排他性问题和选择问题组成。

品牌忠诚度只计算连续消费行为，但行业之间的差异很大，有的行业一次消费数额小，但消费频次很大，如餐饮、食品等。而有的行业一次消费数额很大，但频次很少，如婚爱类产品、汽车等，计算忠诚度的选项需根据品牌所在行业的特征确定，一般快速消费品品牌选项为：第一个问题选A，第二个问题选E的消费者比例即为重复购买率。随着消费频次减少，选项范围不断扩大，对汽车行业的品牌，选项为：第一个问题选A，第二个问题选择B、C、D、E选项的消费者比例，认为只要第二次购买汽车仍选择该品牌的消费者即该品牌的忠诚者。其他类型依据其所在行业平均重复购买率来确定忠诚者的频次。

问题1：您是否购买过××品牌的产品?

A.是　　　　　　B.否

问题2：您购买过××品牌的产品的频率是?

A.就买过一次，之后就再也没买过。

B.买过两次，只是偶然购买。

C.连续买过三次，也购买其他品牌的同类产品，但该品牌的产品买的比较多。

D.连续买过四次，也买其他品牌的产品。

E.连续购买该品牌的产品五次及以上，基本不购买其他品牌的同类产品。

附　录　B
（资料性附录）
阈值与关键点的确定

B.1　知名度的阈值范围与性质

B.1.1　总则

一个品牌在获取极高知名度的过程中要经历五个关键点，六个性质迥异的阶段，品牌在每个阶段的作用也都是不同的。关键点之间称为品牌阈值范围，代表了某个知名度阈值范围内，不同的品牌具有相同的作用和性质，表现相近。

B.1.2　知名度≤4.69%

知名度一直长期处于4.69%之下的品牌，是企业没有为获得企业知名度做过专门的努力，之所以有少许知名度是因为营销过程中消费者对产品有体验而自然获取的知晓，这一知名度几乎没有影响力，对消费者产生的影响微乎其微，甚至都不能成为营销使用的工具，企业可能仍处于追求销售数量的阶段，营销依然依靠渠道、产品、价格等非品牌的营销工具。此阶段的知名度性质和作用极其微弱。

因为知名度是相对范围的知名度，在确定知名度性质的时候一定要前缀具体范围，一个很小区域内的品牌，在该区域内的知名度很高，但放置于较大区域时候知名度很小，对全国而言可能就微乎其微了。

大部分的老字号具有很强的地域性，在所在地区的知名度很高。但使用和购买该品牌产品的往往集中在所在地区，其他地区消费者对该品牌知之甚少，放置全国知名度就很低。例如：某品牌在北京的知名度达到38.13%，但除北京外的其他地区消费者对其很陌生，全国知名度仅为1.30%。可以说该品牌在北京获得了较高知名度，但于全国范围而言，该品牌知名度很小，影响力微乎其微，是个典型的区域品牌。

B.1.3　4.69%<知名度≤16.13%

知名度的第一个关键点是4.69%。当知名度突破了4.69%之后，品牌的性质开始发生变化，知名度处在4.69%～16.13%的品牌一般都是组织为获取知名度而付出努力。但仅靠知名度是远远不够的，关键是获得一定的美誉度，知名度只是美誉度之前的一个过程。

知名度在这一阶段的性质已经成为有效，对营销起到明显的促进作用，超过半数的消费者有进一步认知的意愿，也表现出同类产品购买的偏好。但这一偏好表现的还是比较微弱，仅限于同质同价、近似包装的选择中出现较为明显偏好，对异质异价、甚至风格不同的同类产品的影响都不明显，此阶段的知名度对营销的作用仍是有限的。

B.1.4　16.13%<知名度≤37.5%

知名度的第二个关键点是16.13%。这个关键点意味着当知名度达到16.13%时，半数消费者对其已有较深认知，表现出在对异质异价、甚至风格不同的同类产品都有明显的购买意愿，形成了品牌偏好。

当品牌的知名度突破了16.13%之后，品牌开始出现大范围的消费者认知，对产品和企业以及品牌内涵等信息开始有相当部分的消费者具有了较深的理解和认知，可以说此时的品牌具有了相当良好的消费者知晓基础，开始出现深度认知。这一阶段知名度的增加是伴随认知度、美誉度增长的，品牌对营销的促进作用较为明显。

B.1.5 37.50%<知名度≤61.8%

知名度的第三个关键点是37.50%。这一关键点表现为半数以上消费者出现对其表示非常熟悉，不仅认知程度深，而且能够辨识标识(logo)，能够大致描述广告内容、品牌内涵或产品风格，产生了明显的消费者区隔，若有相应的认知度，该品牌一般会具有一定程度的联想度，使品牌延伸成为可能。

此时的品牌具有了对消费者选择偏好的影响力，其性质为有用的竞争工具，在竞争中的作用明显。

B.1.6 61.80%<知名度≤84.45%

知名度的第四个关键点是61.80%。达到61.80%以上的品牌可以称之为高知名度品牌，具有了充分的消费者认知和联想的基础，若有充分的认知度基础，则极有可能产生自我传播现象。半数以上的消费者表现出明显的选择偏好，在无提示情境下同类产品的购买选择中，半数以上的消费者会把这一阶段知名度的品牌作为主要选项。

此时品牌具有的知名度已经足够饱和，以提示型方式作为传播内容为主，以维持知名度为目的，品牌管理的重心可以放在公共关系活动等促进美誉度的形成和发展的内容上，广告类活动的密度可以逐步减小，无需过多投入精力。

B.1.7 知名度>84.45%

知名度的第五个关键点是84.45%。达到84.45%以上的品牌获得了极高的知名度，成为大众耳熟能详的品牌。此时该品牌在行业内颇具影响力，超过半数的消费者对其广告或品牌内涵非常熟悉。具有此阶段知名度的品牌若有充分的美誉度支撑，一般都有较高品牌忠诚度，意味着该品牌具有很强的抗风险能力和较高的重复购买率，品牌不易衰减，即使不再使用广告，品牌依然会在消费者中长期存在。

B.2 认知度的阈值范围与性质

认知度的阈限范围不独立存在，单纯地研究认知度绝对值没有意义，即不存在脱离知名度而存在的认知度，认知度的阈值是相对于知名度的情况而确定的。因而认知度的阈值是与知名度的比值，结果可以简单地分为有效和效果不足两种。

实际操作中，一般把认知度的阈值范围分成三个部分，认知度和知名度比值(α)低于33.33%为品牌传播效果不足，高于50%为品牌传播效果充分，介于两者之间的为传播效果一般。即：

$$\alpha=\frac{\overline{R}}{Z}\times 100\% \qquad \cdots\cdots(B.1)$$

式中：

$\overline{R}$——品牌认知度；

Z——品牌知名度。

情况①$\alpha \geq 50\%$认知度有效，传播效果充分。

情况②$33.33\% < \alpha < 50\%$认知度一般，传播效果一般。

情况③$\alpha \leq 33.33\%$认知度不足，传播效果不充分。

如某品牌获得5%的知名度，认知度的有效范围是知名度的40%，即2%以上的认知度才是有效的，2%以下的认知度是无效的。某品牌获得40%的知名度，认知度宜在16%以上，低于16%的认知度是效果不足的，但有效。认知度的性质完全取决于它和知名度的比值，而与其绝对值的大小关系不大，其他认知度以此类推。

B.3 美誉度的阈值范围与性质

B.3.1 美誉度≤1.62%

美誉度处于0至1.62%之间，属于效应极低的范围。这一阶段出现了部分消费者的推荐性口碑，是正自传播现象，有少量消费者或媒体在自行进行消费者或媒体间的传播和推荐活动。但数量很低，不具有明显的影响力，但非常重要。

美誉度为0则意味着消费者当中没有自传播者，消费者对它无偏好。

B.3.2 1.62%＜美誉度≤27.91%

1.62%是美誉度的第一个关键点，突破这个关键点后，消费者的口碑作用开始凸显出来，消费者偏好开始越来越明显，消费者之间的传播也越来越多。这个阶段属于有效自传播效应发生时期，在这一时期内的品牌，极容易发生品牌自传播骤增现象，但每个品牌的骤增点并不确定。

B.3.3 27.91%＜美誉度≤100%

美誉度为27.91%是自传播效应发生的下限。美誉度超过27.91%以上的品牌，一般都会自发出现强烈的品牌自传播现象，达到目标消费者产生重复购买的集体偏好，品牌甚至会成为某种生活方式的标志符号，品牌口碑溢出效应明显。

B.4 忠诚度的有效范围

品牌忠诚度不存在有效范围，只要有忠诚度，无论高低都是有效的，忠诚度可以为0，意味着没有消费者重复购买，消费没有连续；也可以高至100%，意味着绝对忠诚，消费者对其他的品牌严格排斥，重复使用一个品牌的产品，且极容易被延伸使用至其他产品，无论产品门类的差别有多大。

附 录 C
（资料性附录）
品牌评价案例

C.1 ×××× 品牌简介

品牌所属地区：××市
品牌所属公司：××市××××股份有限公司

C.2 ×××× 品牌调查问卷

"____××××____"品牌基础数据调查问卷

填写人性别：　　年龄：　　填写日期：　　填写地点：

1. 请问你知道 ×××× 这个品牌吗？
A.知道（继续答题）　　B.不知道（结束）
2. 请问××××品牌是做什么行业的？
A.服装业　　B.箱包业　　C.餐饮业　　D.珠宝行业
3. ××××品牌是下列哪个公司的品牌？
A.××珠宝首饰股份有限公司　　B.×××珠宝有限公司
C.××××实业发展有限公司　　D.××××珠宝股份有限公司
4. 如下图案哪一个是××××品牌的标识(logo)？
A. AA　　B. AA　　C. AA　　D. AA
5. ××××品牌的总部在哪里？
A.北京　　B.上海　　C.深圳　　D.西安
6. 下列哪位做过××××品牌的代言人或是该品牌根本没有代言人？
A.徐某某　李某某　　B.刘某某　黄某某　　C.黄某　孙某　　D.没有使用过代言人
7. ××××品牌诞生于哪年？
A.1985　　B.1996　　C.2006　　D.2011
8. 下列哪句话是××××品牌的广告语？
A.因爱而美，为爱而生　　B.美于形，智于心
C.婚姻的幸福，从选对一枚戒指开始　　D.钻石恒久远，一颗永留传
9. 您对××××品牌的了解来自如下哪个（些）原因（可多选）？
A. 从产品使用的体验中了解到该品牌的知识。
B. 从厂商的宣传物、视频等广告（包括植入广告）中了解到该品牌的知识。
C. 从他人（非推销员）的介绍和推荐中了解到该品牌的知识。
D. 从推销员或促销人员的介绍中了解到该品牌的知识。
E. 从其他渠道了解。

10. 您向他人提及或推荐过该品牌吗？
A.从未提过。
B.提过但不是推荐给别人。
C.曾经有推荐过，但次数不多。
D.经常推荐给别人。
11. 您是否购买过该品牌的产品？
A.是（继续答题） B.否（结束）
12. 您购买过该品牌的产品的频率是？
A.就买过一次，之后就再也没买过。
B.买过两次，只是偶然购买。
C.连续买过三次，也购买其他品牌的同类产品，但该品牌的产品买得比较多。
D.连续买过四次，也买其他品牌的产品。
E.连续购买该品牌的产品五次及以上，基本不购买其他品牌的同类产品。

C.3 ××××品牌感知指标评价

C.3.1 品牌感知指标

经调研，××××品牌各项品牌感知指标如表 C.1 所示。

表 C.1 ××××品牌感知指标

人口级别	人口数/万人	调研地点	知名度/%	认知度/%	美誉度/%	忠诚度/%
Ⅰ	7 147.77	重庆	36.26	14.29	9.09	0.00
Ⅱ	11 280.71	深圳	48.78	17.89	8.33	0.00
Ⅲ	25 581.12	长沙	52.15	15.59	11.34	2.06
Ⅳ	25 065.85	南昌	12.82	7.69	20.00	0.00
Ⅴ	18 115.27	咸阳	53.33	30.37	13.89	0.00
Ⅵ	18 028.56	厦门	33.33	17.24	13.79	0.00
Ⅶ	27 125.44	××	90.34	57.93	20.61	3.05
全国	132 344.72	全国	48.98	25.15	15.19	1.02

从××××品牌在全国各个城市各项指标相比来看，除了南昌地区的调研数据较低外，其余地区的数据接近均值，是一个全国性品牌。本次调研的地区包括了××××品牌的原产地××省，××省××市获得的调研数据要明显高于全国其他地区，说明该品牌还有较为明显的区域特征存在，是一个区域特征没有完全褪去的全国性超大规模品牌。

C.3.2 品牌知名度评价

××××品牌的全国知名度较高，处于 37.50%＜知名度≤61.8%的范围内（参见 B.1.5），该品牌具有了对消费者选择偏好的影响力，其性质为有用的竞争工具，在竞争中的作用明显。尤其是原产地更是达到了极高知名度 90%以上，具有了稳定的影响力。

C.3.3 品牌认知度评价

××××品牌的认知度较高，且认知度和知名度之比为 51%，处于 $\alpha \geqslant 50\%$认知度有效，传播效果充分的状态(参见 B.2),属于最佳状态,说明该品牌在传播上是具有有效传播的途径或容易被消费者认知的内容,其传播是有效的。

C.3.4 品牌美誉度评价

美誉度也较高,处于 1.62%<美誉度≤27.91% 范围内(参见 B.3.2),属于有效自传播效应发生时期。在这一时期内的品牌,极容易发生品牌自传播骤增现象。

C.3.5 品牌忠诚度评价

××××品牌的忠诚度 1.02%,明显过低,良好的口碑未能转化为消费者的重复购买,消费偏好不明显。美誉度是忠诚度的 15 倍,说明××××品牌存在自传播能力未能充分地向重复购买率转换的问题,消费者的重复购买率与品牌的自传播率不匹配,最终××××品牌在营销中并没有完全发挥出应有的作用。

C.3.6 综合评价

该品牌的各项基础指标处于正常范围内,处在成熟后期向衰退期过渡阶段前的位置上,已经过了鼎盛期,出现了衰退的信号,但发展状况基本健康。××××品牌获得了有效的消费者口碑,但忠诚度明显不足,使得××××品牌的指标结构呈现逐次下降结构,品牌运作的痕迹非常明显。

C.4 经营建议

针对基础指标中非原产地市场的忠诚度偏低的现状,建议适当调整品牌营销策略,从产品设计、价格确定和渠道等营销手段几个方向入手,将消费者对品牌的赞誉转换成现实购买行为。

参 考 文 献

[1] GB/T 19000—2016 质量管理体系 基础和术语

GB/T 39071—2020

中 华 人 民 共 和 国
国 家 标 准
品牌评价 消费者感知测量指南
GB/T 39071—2020
*
中国标准出版社出版发行
北京市朝阳区和平里西街甲2号(100029)
北京市西城区三里河北街16号(100045)
网址 www.spc.net.cn
总编室:(010)68533533 发行中心:(010)51780238
读者服务部:(010)68523946
中国标准出版社秦皇岛印刷厂印刷
各地新华书店经销
*
开本 880×1230 1/16 印张 1.25 字数 28 千字
2020年7月第一版 2020年7月第一次印刷
*
书号:155066·1-65040 定价 21.00 元

GB/T 39071-2020

附录二

《品牌评价 旅游目的地》

ICS 03.140
A 00

中华人民共和国国家标准

GB/T 39869—2021

品牌评价　旅游目的地

Brand evaluation—Tourist destination

2021-03-09 发布　　2021-10-01 实施

国家市场监督管理总局
国家标准化管理委员会　发布

前 言

本标准按照 GB/T 1.1—2009 给出的规则起草。

本标准由全国品牌评价标准化技术委员会(SAC/TC 532)提出并归口。

本标准起草单位:中国品牌建设促进会、安徽省质量品牌促进会、安徽省质量和标准化研究院、北方工业大学、中通诚资产评估有限公司、天柱山风景名胜区管理委员会、黄山旅游发展股份有限公司、舒城万佛湖旅游管理实业有限公司、滁州市琅琊山风景名胜区管理委员会、安徽省质量认证咨询中心。

本标准主要起草人:吕安然、刘心德、耿天霖、周云、张树帆、龚孝燕、赵静斌、王冉、王秋慧、张文秋、李晓婉、饶璇。

GB/T 39869—2021

品牌评价　旅游目的地

1　范围

本标准规定了旅游目的地品牌评价的术语和定义、品牌价值测算模型、品牌强度测算指标、品牌价值测算过程和报告。

本标准适用于旅游目的地品牌评价，也可作为行业组织和第三方对企业进行品牌评价的依据。

2　规范性引用文件

下列文件对于本文件的应用是必不可少的。凡是注日期的引用文件，仅注日期的版本适用于本文件。凡是不注日期的引用文件，其最新版本（包括所有的修改单）适用于本文件。

GB/T 16766　旅游业基础术语

GB/T 29187　品牌评价　品牌价值评价要求

GB/T 29188　品牌评价　多周期超额收益法

GB/T 31284　品牌价值评价　旅游业

3　术语和定义

GB/T 16766、GB/T 29187、GB/T 29188 和 GB/T 31284 界定的以及下列术语和定义适用于本文件。为了便于使用，以下重复列出了上述标准中的一些术语和定义。

3.1

旅游目的地　tourist destination

能够吸引一定规模数量的旅游者，具有较大空间范围和较齐全接待设施的旅游地域综合体。

［GB/T 16766—2017，定义 9.6］

3.2

旅游收入　tourist revenue

游客（海外游客和国内游客）在旅游过程中支付的一切旅游支出。包括国际旅游（外汇）收入和国内旅游收入。

4　品牌价值测算模型

4.1　收益法模型

收益法是通过参考品牌预期产生的经济利益的现值来进行测算的一种方法。

基于收益法的旅游目的地品牌价值按式(1)计算：

$$V_B = \frac{F_{BC}}{R} \quad \cdots\cdots(1)$$

1

式中：

V_B ——品牌价值；

F_{BC}——旅游目的地品牌年收入平均值；

R ——品牌折现率。

4.2 旅游目的地品牌年收入平均值

旅游目的地品牌年收入平均值按式(2)计算：

$$F_{BC} = I_O - I_D \quad \cdots\cdots(2)$$

式中：

F_{BC}——旅游目的地品牌年收入平均值；

I_O ——评价前连续3年旅游目的地全部收入的平均值，来自旅游目的地经济统计年鉴的当地总收入；

I_D ——评价前连续3年旅游目的地产生的、与旅游目的地品牌无关收入的平均值。

4.3 品牌折现率

品牌折现率按式(3)计算：

$$R = \frac{i}{k} \quad \cdots\cdots(3)$$

式中：

R ——品牌折现率。

i ——评价前连续3年平均年利率，以中国人民银行的贷款利率为准；

k ——品牌强度系数。

4.4 品牌强度系数

评价人员可根据有形要素(K_1)、质量要素(K_2)、创新要素(K_3)、服务要素(K_4)、无形要素(K_5)等一级指标，通过加权赋值的方法得出品牌强度K，按式(4)计算：

$$K = \sum_{i=1}^{5} K_i \times W_i \quad \cdots\cdots(4)$$

式中：

K ——品牌强度；

K_i——第i个一级指标得分；

W_i——第i个一级指标对品牌强度K的影响权重。

品牌强度K转化为品牌强度系数k，并将取值范围限定在科学的范围内，如[0,1]。

若有形要素(K_1)、质量要素(K_2)、创新要素(K_3)、服务要素(K_4)、无形要素(K_5)等方面指标由二级指标构成时，可按式(5)计算：

$$K_i = \sum_{j=1}^{j} K_{ij} \times W_{ij} \quad \cdots\cdots(5)$$

式中：

K_i ——第i个一级指标得分；

K_{ij} ——第i个一级指标下的第j个二级指标得分；

W_{ij} ——第j个二级指标对一级指标i的影响权重。

5 品牌强度测算指标

5.1 概述

旅游目的地品牌强度测算指标包括有形要素、质量要素、服务要素和创新要素和无形要素。各级指标评价内容及参考权重参见附录A。

5.2 有形要素（K_1）

5.2.1 财务指标（K_{11}）

财务指标可包括旅游投入。

5.2.2 旅游资源（K_{12}）

旅游资源可包括旅游资源级别。

5.3 质量要素（K_2）

5.3.1 质量水平（K_{21}）

质量水平可包括：
——质量荣誉；
——观赏游憩价值；
——基础设施建设。

5.3.2 质量信用（K_{21}）

质量信用可包括：
——信用舆情；
——信用投诉。

5.3.3 质量管理（K_{23}）

质量管理可包括：
——体系建设；
——信息化建设。

5.4 创新要素（K_3）

5.4.1 产品（服务）创新（K_{31}）

产品（服务）创新可包括：
——产品创新；
——服务创新。

5.4.2 文化（管理）创新（K_{32}）

文化（管理）创新可包括：
——文化创新；

——管理创新。

5.5 服务要素(K_4)

5.5.1 服务能力(K_{41})

服务能力可包括：

——餐饮服务；

——住宿服务；

——交通服务；

——游览服务；

——购物服务；

——娱乐服务。

5.5.2 服务保障(K_{42})

服务保障可包括：

——安全服务；

——应急机制；

——游客投诉处理；

——服务标准履行；

——基础条件配置。

5.5.3 客户关系(K_{43})

客户关系可包括：

——游客满意度；

——游客忠诚度。

5.6 无形要素(K_5)

5.6.1 市场能力(K_{51})

市场能力可包括：

——市场影响力；

——市场开拓力；

——持续发展能力。

5.6.2 品牌建设(K_{52})

品牌建设可包括：

品牌知名度；

——品牌认知度；

——品牌美誉度；

——品牌忠诚度。

5.6.3 社会责任(K_{53})

社会责任可包括：

——安全运营；

——社会关怀。

6 品牌价值测算过程

6.1 评价目的和独立性

根据测算意向用途、结果使用方、被测算品牌特性等因素确定评价目的。

本标准给出了品牌强度评价指标体系、计算公式，根据不同目的和所获得的信息，评价人员在形成评价意见时，行使专业判断，在评价意见中保持独立性。

6.2 明确价值影响因素

本标准所测算的品牌价值在旅游目的地的旅游总体收入基础上，综合考虑旅游目的地有形、质量、创新、服务和无形要素等方面因素对品牌价值的影响。

6.3 确定测算对象

测算前应识别、界定和描述接受评价的旅游目的地品牌，包括旅游目的地范围及其价值范围等。

6.4 确定模型参数

确定以下模型参数：

——评价基准年；

——旅游收入的测算方法。

6.5 采集测算数据

遵循真实、准确、客观的原则，采集被评价旅游目的地统计数据与其他影响品牌价值的重要指标信息，作为评价的输入值。

6.6 执行测算过程

6.6.1 采用适当方法确定评价基准年的国际旅游外汇收入、国内旅游收入，计算旅游收入。

6.6.2 参考被评价旅游目的地的信息资料，采用适当方法汇总各级评价指标，计算品牌强度系数 k。

6.6.3 将上述信息输入到评价模型中，计算所测算旅游目的地的品牌价值。

6.7 报告评价结果

根据评价目的，选择适当形式报告测算结果。

7 报告

旅游目的地品牌评价报告明确陈述下列内容：

a） 评价人员的立场和身份；

b） 评价目的；

c） 被评价品牌的界定；

d） 品牌相关资产的估值；

e） 报告使用者或读者；
f） 价值前提；
g） 评价报告日；
h） 评价基准日；
i） 品牌评价结果；
j） 使用数据的来源；
k） 使用限制。

附　录　A
（资料性附录）
旅游目的地品牌强度测算指标及说明

旅游目的地品牌强度测算指标及说明见表A.1。

表A.1　旅游目的地品牌强度测算指标及说明

一级指标	二级指标	三级指标	指标说明
有形要素（K_1）（350分）	财务指标（K_{11}）（150分）	旅游投入（150分）	政府及民间对旅游目的地的经济投入
	旅游资源（K_{12}）（200分）	旅游资源级别（200分）	世界级旅游资源，主要包括被联合国教育、科学及文化组织批准列入《世界遗产名录》的名胜古迹、世界级地质公园和列入联合国“人与生物圈”计划的自然保护区等； 国家级旅游资源，主要包括由国务院审定公布的国家风景名胜区、国家历史文化名城和国家重点文物保护单位，以及国家级自然保护区和国家森林公园等； 省级旅游资源，主要包括省级风景名胜区、省级历史文化名城、省级文物保护单位，以及省级自然保护区、省级森林公园、省级历史文化名镇名村等； 市（县）级旅游资源，主要包括市（县）级风景名胜区和市（县）级文物保护单位等
质量要素（K_2）（150）	质量水平（K_{21}）（50分）	质量荣誉（20分）	旅游目的地3A级以上景区数、地理标志产品数、著名商标数、名牌产品数、著名建筑奖数等
		观赏游憩价值（20分）	自然景观价值，如地文景观、水域风光、生物景观等
			人文景观价值，如遗址遗迹、建筑设施等
			生态价值，如空气质量、水体质量、森林覆盖率等
		基础设施建设（10分）	问询处、标识、休息站、公厕、道路、补给站等建设情况
	质量信用（K_{22}）（50分）	信用舆情（25分）	近3年媒体曝光情况
		信用投诉（25分）	消费者投诉信用责任情况
	质量管理（K_{23}）（50分）	体系建设（25分）	质量管理体系建设情况
		信息化建设（25分）	质量管理信息化水平
创新要素（K_3）（100）	产品（服务）创新（K_{31}）（50分）	产品创新（25分）	产品（参观、游乐）的独特性
		服务创新（25分）	个性化旅游服务创新（如网络预定的服务渠道创新）

表 A.1（续）

一级指标	二级指标	三级指标	指标说明
创新要素（K_3）（100）	文化（管理）创新（K_{32}）（50 分）	文化创新（25 分）	近 3 年省级以上节庆活动数
			近 3 年省级以上赛事活动数
			近 3 年省级以上主题会展/论坛数
			近 3 年主题实景演出活动数
			知名主题乐园数
			智慧景区建设数
		管理创新（25 分）	运营管理模式的创新性
			营销方式的创新性，如定价模式、优惠方式的创新性
			营销政策的创新性，如退税、72 h 过境免签等
服务要素（K_4）（150）	服务能力（K_{41}）（60 分）	餐饮服务（10 分）	星级饭店总数
			食品安全性，如食品卫生许可证数等
			餐饮特色性
		住宿服务（10 分）	星级酒店总数、房车营地数等
		交通服务（10 分）	铁路、公路、水运、民航等交通的便捷程度和运送容量
		游览服务（10 分）	游客集散中心数
			旅行社总数
			导游从业人数
		购物服务（10 分）	购物点的规范程度
			物品质量合格率
			物价合理性
			游客购买的自主性
		娱乐服务（10 分）	娱乐项目种类丰富性
			娱乐项目的趣味性或观赏性
			娱乐项目的安全性
	服务保障（K_{42}）（50 分）	安全服务（10 分）	安全服务获得途径
			安全服务响应时间
		应急机制（10 分）	应急体系建立情况
			现场应急处置能力
		游客投诉处理（10 分）	旅游目的地的投诉处理率
			游客投诉处理的响应时间
		服务标准履行（10 分）	旅游服务标准体系建设单位数及标准化程度
		基础条件配置（10 分）	包括服务人员、服务设施、服务网点、服务获得的便捷程度与服务能力承诺的匹配情况及投入

表 A.1（续）

一级指标	二级指标	三级指标	指标说明
服务要素（K_4）（150）	客户关系（K_{43}）（40 分）	游客满意度(20 分)	游客对旅游目的地的满意度指数
			旅游目的地的万人投诉率
		游客忠诚度(20 分)	游客对旅游目的地的推荐力度及重复游览频率
无形要素（K_5）（250）	市场能力（K_{51}）（100 分）	市场影响力(40 分)	市场占有率
		市场开拓力(30 分)	国内外游客规模
			国内外设立营销渠道的数量
		持续发展能力(30 分)	品牌资源持续发展能力
			品牌环境保护程度
			品牌法律保护程度
	品牌建设（K_{52}）（100 分）	品牌知名度（25 分）	消费者对旅游目的地的知晓程度
		品牌认知度(25 分)	消费者对特定旅游目的地的认知程度
		品牌美誉度(25 分)	消费者对特定旅游目的地品牌的赞许程度
		品牌忠诚度(25 分)	消费者对特定旅游目的地品牌的重复消费率
	社会责任（K_{53}）（50 分）	安全运营(25 分)	运营的安全指数(如重大网络舆情数)
		社会关怀(25 分)	社会公益、慈善和福利活动、旅游扶贫活动等

结束语

2021年，新冠疫情对我国旅游行业的影响深刻，为应对国内外疫情带来的负面影响，以及由数字经济的发展带来的新产业、新技术等的冲击，安徽省旅游企业继续调整思路，改变商业运营模式，利用先进的经营工具探索出符合自身发展特点的运营模式以融入新兴业态的发展洪流。

《安徽旅游目的地品牌资源与品牌价值（2021—2022）》由安徽省质量品牌促进会与北方工业大学协作，如期顺利完成。报告体现出学术性和应用性两个方面的价值，对安徽省62个旅游目的地品牌进行了全面分析，从数据层面对各个品牌的发展状况进行了剖析，给出了品牌价值测算结果和经营建议，最后形成的安徽旅游目的地品牌整体发展状况分析报告，既有系统的分析，又有对旅游目的地品牌发展趋势的前瞻性预测，对于安徽旅游目的地品牌的发展具有参考意义和价值。

本次调研基本上做到了数据来源真实可靠，各个旅游目的地品牌的经营数据均为样本数据，并详尽地介绍了分析过程，未对任何一个数据做过调整和修改。

由于样本量大、时间紧迫、分析细节烦琐等原因，报告中难免有所疏漏，欢迎广大读者批评指正。本次调研数据仅为各旅游目的地品牌的质量现状分析，目的是对安徽旅游目的地品牌进行总体分析，如企业使用本报告的数据作为决策参考，请联系本报告版权所有者单位。本报告只负文责，不负有依据报告而做的决策产生的相关结果的责任，敬请谨慎使用。

感谢诸位悉心阅读，并欢迎参加我们的研究，一起进步！

《安徽旅游目的地品牌资源与品牌价值（2021—2022）》
课题组
2022 年 8 月